招聘之道

让人才选拔更精准

孔维新 ◎ 著

中国商务出版社
CHINA COMMERCE AND TRADE PRESS

图书在版编目（CIP）数据

招聘之道，让人才选拔更精准 / 孔维新著. —— 北京：中国商务出版社，2022.10

ISBN 978-7-5103-4487-9

Ⅰ. ①招… Ⅱ. ①孔… Ⅲ. ①企业管理－招聘 Ⅳ. ① F272.92

中国版本图书馆 CIP 数据核字（2022）第 186209 号

招聘之道，让人才选拔更精准
ZHAOPIN ZHI DAO, RANG RENCAI XUANBA GENG JINGZHUN

孔维新　著

出　　版：	中国商务出版社
地　　址：	北京市东城区安外东后巷 28 号　　邮　　编：100710
责任部门：	发展事业部（010-64218072）
责任编辑：	刘玉洁
直销客服：	010-64515210
总 发 行：	中国商务出版社发行部（010-64208388　64515150）
网购零售：	中国商务出版社淘宝店（010-64286917）
网　　址：	http://www.cctpress.com
网　　店：	https://shop162373850.taobao.com
邮　　箱：	295402859@qq.com
排　　版：	北京亚吉飞数码科技有限公司
印　　刷：	北京亚吉飞数码科技有限公司
开　　本：	710 毫米 ×1000 毫米　1/16
印　　张：	16　　　　　　　　　　　字　　数：205 千字
版　　次：	2022 年 12 月第 1 版　　　　印　　次：2022 年 12 月第 1 次印刷
书　　号：	ISBN 978-7-5103-4487-9
定　　价：	56.00 元

凡所购本版图书如有印装质量问题，请与本社印制部联系（电话：010-64248236）

版权所有　　盗版必究（盗版侵权举报可发邮件到本社邮箱：cctp@cctpress.com）

前言 Preface

招聘是企业成功的重要起点。企业的竞争归根结底是人才的竞争，而招聘则是企业找到人才、吸纳人才的重要途径。

招聘的根本目的是为企业甄选人才、注入新的活力。但人才从哪里找？如何评判一个人是不是人才？优秀的人才一定适合企业吗？高薪就一定能留住人才吗？这些是长期以来让招聘者感到困扰的问题。

本书系统梳理企业招聘全流程，层层深入，带你了解招聘之道，从而让你为企业更精准、高效地选拔人才。

首先，在正式开展招聘工作前，带你了解招聘对于企业的重要意义；介绍如何分析招聘需求、制订招聘计划、规避招聘误区，从而高效揽收人才；了解多元化的招聘渠道，从而广开渠道，引进人才。

其次，通过沉浸式体验招聘过程，让你轻松上手。例如：审核简历，精准筛选人才；科学进行人才测评，选拔真正适合企业的人才；有序组织面试，与人才对话，考察人才；高效开展薪酬谈判，真正留住人才。

最后，教你如何做好人才招聘的后续工作。例如：深入解析人才背景调查的内容与方法，有效检验人才；进一步完善不同类型的人才招聘策略，为以后成功招聘打下良好基础。

本书逻辑清晰、结构完整、内容丰富，能为企业经营管理者、人力资源管理者提供科学有效的理论指导和丰富的实践经验。同时，本书特别设置"慧眼识人""招贤纳士"版块，总结了丰富的招聘策略与建议，并引入大量成功招聘案例，为读者提供招聘指导与启示。

希望企业经营管理者阅读本书后，可以精准选拔人才，高效揽收人才，让招聘变得更轻松。

作者

2022 年 8 月

目录 Contens

第 1 章　高效招聘，揽收人才　/ 001

  1.1　招聘的成败影响企业发展　/ 003

  1.2　如何建立招聘管理体系　/ 006

  1.3　招聘战略规划　/ 010

  1.4　招聘流程与制度　/ 015

  1.5　招聘需求分析　/ 019

  1.6　如何制订招聘计划　/ 024

  1.7　常见的招聘误区　/ 027

第 2 章　广开渠道，引进人才　/ 033

2.1　内部招聘　/ 035
2.2　校园招聘　/ 040
2.3　社会招聘　/ 046
2.4　推荐招聘　/ 051
2.5　外部合作招聘　/ 055
2.6　招聘文案的编写方法与技巧　/ 059

第 3 章　审核简历，筛选人才　/ 065

3.1　认识简历要素　/ 067
3.2　简历筛选要点　/ 073
3.3　简历筛选常见问题　/ 077
3.4　面试邀约前的准备　/ 080
3.5　面试邀约的流程　/ 085
3.6　面试邀约的技巧　/ 090

第 4 章　人才测评，选拔人才　/ 093

4.1　为什么要进行人才测评　/ 095
4.2　人的本质与人才素质模型　/ 099
4.3　人才测评指标的建立　/ 108
4.4　常见的人才测评工具　/ 113
4.5　不同人才的素质测评　/ 118
4.6　合适的才是最好的，人岗匹配测评　/ 122

第 5 章　深入面试，考察人才 / 125

- 5.1　面试的准备工作 / 127
- 5.2　面试流程与组织 / 131
- 5.3　结构化面试 / 134
- 5.4　非结构化面试 / 136
- 5.5　无领导小组面试 / 139
- 5.6　电话面试与视频面试 / 141
- 5.7　面试的沟通方法与技巧 / 144
- 5.8　面试的评估误差规避 / 148

第 6 章　薪酬谈判，留住人才 / 153

- 6.1　薪酬体系的设计 / 155
- 6.2　了解薪酬谈判 / 161
- 6.3　薪酬谈判实用技巧 / 166
- 6.4　薪酬谈判的注意事项 / 173
- 6.5　非经济性薪酬的谈判 / 177
- 6.6　自助式薪酬的选择 / 182

第 7 章　背景调查，检验人才 / 185

- 7.1　背景调查内容 / 187
- 7.2　背景调查方式与方法 / 191
- 7.3　背景调查常见问题 / 199
- 7.4　面试结果通知 / 203

第 8 章　不同类型的人才，招聘策略大不同 / 211

  8.1　基层人才的招聘策略 / 213

  8.2　中层管理人才的招聘策略 / 219

  8.3　高层管理人才的招聘策略 / 223

  8.4　销售人才的招聘策略 / 229

  8.5　技术人才的招聘策略 / 234

  8.6　特殊人才的招聘策略 / 239

参考文献 / 242

第 1 章

高效招聘，揽收人才

人才是企业生存和发展的重要基石，招聘是为企业找到合适人才的必经之路。

　　求职者希望能加入优秀的企业团队，企业希望吸引和留住优秀人才，招聘则是连接人才与企业之间的一座桥梁，可以促进人才与企业的双向选择与匹配，进而促进人才和企业的共同发展。

1.1

招聘的成败影响企业发展

招聘是为企业不断注入新生活力的源泉，能否有效利用招聘为企业吸纳人才，关系着企业的生存与发展。

1.1.1 企业的竞争归根结底是人才的竞争

人才是企业发展的资源，一个缺少人才，甚至没有人才的企业犹如无源之水、无本之木，经不起市场竞争中的风吹雨打。

企业的发展离不开人才的引进。近几年市场环境多变，很多企业的发展难以为继。吸收人才、留住人才、依靠人才不断创新，成为企业立足当下、着眼未来的发展之路。

企业的生产、销售、管理、研发、创新等一系列工作的开展都要落实到每一位企业员工身上，而那些身处重要工作环节的员工工作的正常开展对企业的运行起着举足轻重的影响作用。一旦关键工作环节的员工缺失，那么企业就将失去正常运作的能力，也就无法继续生存与发展。

现阶段，企业之间的竞争将逐渐转向知识、文化与技术之间的竞争，而知识、文化、技术掌握在人才手中，所以说企业的竞争归根结底是人才的竞争。

1.1.2 人才引领企业发展的方向和高度

对于企业来说，人才是企业发展的命脉。企业的正常运转离不开人才的日常工作开展，更重要的是，人才的知识、技术储备决定着企业未来的发展方向和高度。

企业的发展方向是由人才决定的，企业的发展策略是由人才制定的。如果企业中的员工不能胜任和承担发展重任，那么企业的发展就会进入瓶颈，这一瓶颈需要吸纳更高水平的人才来打破。

企业的发展高度是由人才决定的。一个企业能达到什么规模、是否具有强劲的市场竞争力、在行业内处于什么样的水平，往往是由企业内部的人才数量和质量来决定的。优秀的人才能引领企业的发展，是企业发展创新的重要内驱力。

1.1.3 招聘是企业吸纳人才的重要途径

人才作为劳动力，往往隐藏在劳动力市场中，要从众多的劳动力中选出人才并让人才加入企业，需要依靠招聘来实现。招聘是企业与人才之间的一座桥梁，帮助企业找到人才，也让人才走进企业（见图1-1）。

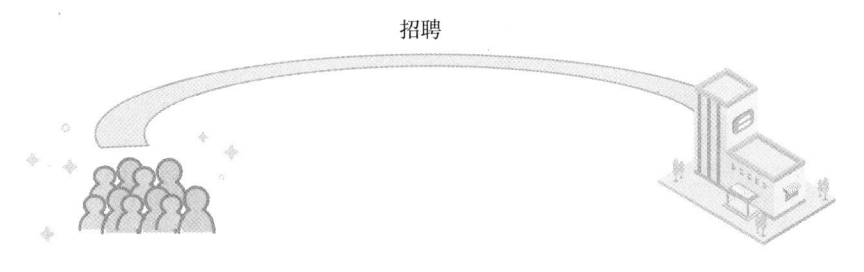

招聘

图1-1　招聘是连接企业与人才的桥梁

慧|眼|识|人

企业需要什么样的人才

毫无疑问，人才对企业的生存与发展是至关重要的，但是企业应该通过招聘吸纳哪些人才呢？

从企业可持续发展的角度来说，企业离不开以下几种人才。

经营管理人才：经营管理人才是支持企业持续运转的中流砥柱，缺少了该类人才，企业将会成为一盘散沙。

专业技术人才：专业技术人才是企业竞争力的重要保障，也是企业面对市场经济危机和转型的重要底气，一旦此类人才流失，企业将失去活力。

高技能人才：高技能人才是企业发展的利剑，他们工作在生产、运输和服务等岗位一线，帮助企业切实解决具体工作操作中的关键性难题，是企业进行自主创新，实现知识与科技转化的重要力量。

1.2

如何建立招聘管理体系

建立完善的招聘管理体系是企业人力资源管理的基础。企业的发展与员工的发展息息相关,只有建立完善的招聘管理体系,企业才能招揽人才并留住人才,才能为员工提供更好的发展平台。

1.2.1 招聘管理体系的基本构成

一个完整的招聘管理体系主要包含招聘制度、招聘原则、招聘流程、招聘渠道、人才管理和注意事项六个方面的内容(见图1-2)。

招聘管理体系是企业招聘的基础。搭建完整的招聘管理体系是一个复杂的过程,需要管理者耐心细致,将每一个环节做好。

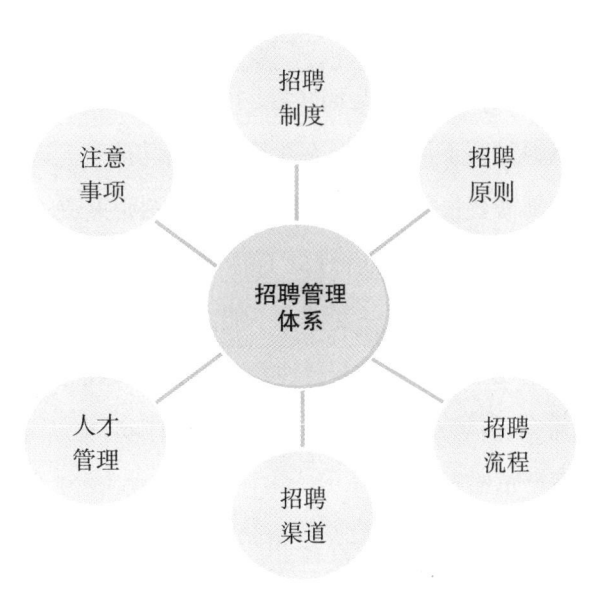

图 1-2　招聘管理体系的基本内容

招聘是发展变化着的，招聘者要根据企业发展的需要不断调整招聘方案。根据时代的发展不断调整招聘的方法和手段，这样才能与时俱进，不断完善招聘管理体系，使得招聘管理体系符合公司的发展和时代的要求。

招聘制度是招聘管理体系建立的基础。正所谓无规矩不成方圆，招聘制度规定了招聘考核的主要内容、考核标准、考核流程等内容，这样人力资源部在招聘员工时就有了具体参照，能够招聘到公司需要的人才。同时，制定招聘制度也可以防止负责招聘的人员根据主观意志进行招聘，导致招聘工作有失公允。

招聘原则是招聘过程中招聘双方需要遵守的规定，如合法原则、公平原则、全面原则等都是招聘原则。

招聘流程是招聘的全过程，人力资源部需要将招聘流程清晰明确地写出来，并在企业内部公开。在招聘过程中要严格按照流程工作，以保证招聘过程的公平性。

招聘渠道主要包括线上和线下两类，招聘者可以通过网络招聘平台招聘员工，也可以通过线下活动挖掘人才的方法招聘员工。这两类方法各有优势，人力资源部需要根据具体情况选择合适的招聘渠道。

人才管理是指招聘结束之后对员工的管理工作，如员工的实习、培训、转正等，这些工作需要统一安排，不能由招聘者个人决定。

注意事项是指在招聘过程中需要注意的问题以及经验教训等。这一板块的内容会随着公司的发展而变化，需要管理者随时更新并提醒招聘者，以免招聘者犯下严重错误。

企业的招聘管理体系的内容大致相同，但也会有一些特殊情况出现。企业管理者在制定招聘管理体系时需要根据企业的具体情况做出相应的调整，使招聘管理体系符合企业的发展。

1.2.2　建立招聘管理体系的注意事项

建立招聘管理体系要符合时代的发展要求。在建立招聘管理体系之前，人力资源部需要做好调研，了解同类型企业招聘管理体系的基本内容以及员工的薪资待遇。这样，建立出来的招聘管理体系才能够符合市场的基本需求，符合时代发展的方向。

建立招聘管理体系要符合企业的实际情况。企业的规模大小、发展方向等都会影响到人才招聘工作。人力资源部要根据企业发展的实际情况建立适合企业发展的招聘管理体系，这样才能招到适合的员工。如果企业的发展不能满足员工发展的需求，就会造成人才流失。因此，企业在最初建立招聘管理体系时就要使其符合企业的发展要求。

建立招聘管理体系要有一个完整的结构框架。结构框架要条理清晰、层次分明，包含招聘管理工作的多方面内容，这样可以为招聘管理体系的建立打下坚实的基础。

招聘管理体系的主要创建者要以客观事实为基础，以时代发展为依托，建立出客观的、完善的、具有普遍适用性的招聘管理体系。

1.3 招聘战略规划

制订招聘战略规划是制作招聘的长远方略并将其付诸实践的过程。招聘战略规划是企业的招聘指南，为招聘工作提供战略指导。缺少了招聘战略规划，企业的招聘工作将会是一盘散沙。

1.3.1 招聘战略规划的意义重大

如果不制订招聘战略规划，人力资源部就很难明晰各部门需要的具体人才类型，只能根据招聘者自己的判断挑选人才。而这样的招聘方式存在很大的隐患，选出的员工可能并不适合企业的发展，招聘者就需要重新开始招聘工作。这样不仅浪费时间，而且会消耗企业的资源，频繁地更换员工也不利于企业的长远发展。

有些企业管理者觉得人才市场人力资源丰富，总能找到自己想要的人才，因此不制订招聘战略规划，这就会增加招聘工作的难度。招聘者在招聘过程中没有具体参照，只能不断比对各位求职者的具体情况，不容易做出决定。如果这一过程所用的时间过长，求职者就可能选择其他企业。企业的人才缺口一时难以填上，就只能依靠已有员工分摊工作。员工的工作强度不断增加，其离职的可能性也会增加。而员工离职会为企业发展带来更大的压力，甚至会影响到企业的正常运行。

由此可见，招聘战略规划是企业发展过程中不可或缺的一部分。在企业创立之初，就应当制订好相应的招聘战略规划，以保证招聘工作的顺利进行，为企业发展保驾护航。

1.3.2 招聘战略规划的具体制订

招聘战略规划的制订主要包括这几方面内容：背景分析，制订规划，对战略规划的评定、修正和调整。

◆ 背景分析

背景分析是对招聘战略规划实施背景的分析，这是制订规划的前提。背景分析主要包括两方面内容，即战略环境分析和对企业实际需求的分析。

战略环境分析是指对企业发展的内、外部环境的分析（见图1-3）。

企业内部的招聘环境分析主要包括企业的组织结构和企业文化。从企业的组织结构可以看出企业的类型和发展方向。

企业的组织结构是基础，能够为招聘战略分析的制作提供基本的框架。

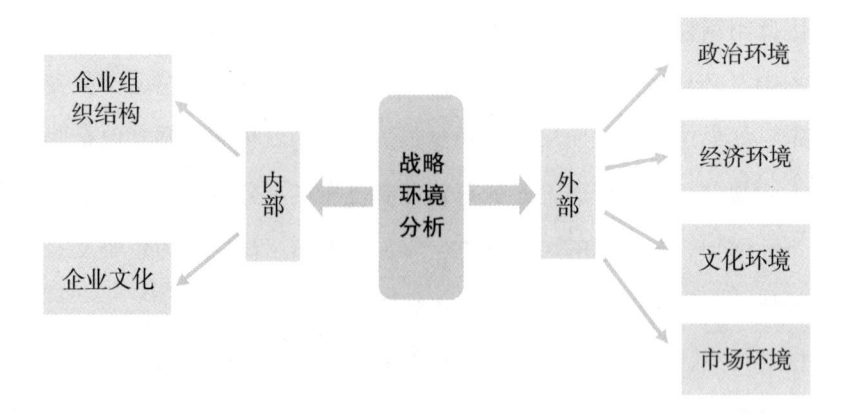

图1-3 战略环境分析的主要内容

企业文化是企业在生产经营的过程中逐步形成的，为全体员工所认同的价值观。企业文化是企业的经营理念、办公风格的体现。员工要对企业文化有认同感才能在企业中长远发展下去。因此，招聘战略规划的制订一定要包含企业文化，这样才能找到与企业环境相适应的人才。

外部环境是企业发展的大环境，主要包括政治环境、经济环境、文化环境和市场环境。

政治环境主要包括国家的政治制度、方针政策和法律法规。招聘战略规划的制订要与国家的大政方针相符，符合国家法律的要求。招聘战略规划的制订不能违反相关法律，对员工的要求要符合《中华人民共和国劳动法》的规定。

经济环境是指国家的经济发展状况和经济政策。良好的经济发展状况能够为企业的发展提供有力的经济支撑，促进企业的发展，而企业发展壮大后对人力资源的需求就会增加。因此，在制订招聘战略规划之前需要分析当前的经济环境，以此来预估企业的发展速度。如果企业发展态势良好，人力资源部在制订规划时可以适当扩充所需员工的数量。

文化环境是指企业所在地区的社会文化发展状况，包括文化传统、教育水平、风俗习惯等。招聘战略规划的制订要符合当地的文化习俗，不与当地文化发展相冲突。

市场环境是指人力资源市场的基本情况。人力资源市场的变化会影响到企业的招聘工作。人力资源市场稳定，人才数量充足，企业的招聘工作就能够顺利进行；人力资源市场不稳定，人才稀缺，企业就很难在短时间内招聘到合适的人才，职位空缺的时间就会延长。因此，人力资源部在制订招聘战略规划时要先了解当地人力资源市场的发展状况，以此来决定招聘工作所需周期的长短。

企业的实际需求分析是制订招聘战略规划的具体导向。人力资源部要根据企业的类型、发展方向来确定所需人才的主要类型，这样才能保证招聘的员工是企业实际需要的人才。脱离企业实际需求的招聘战略规划是不切实际的，用这样的战略规划指导招聘工作，必然导致招聘的失败，甚至会损害企业的利益。

◆ 制订规划

在完成背景分析之后，就可以在分析结果的基础上制订具体的招聘战略规划了。

招聘战略规划是用来指导招聘工作的，无须规定具体的招聘流程，只需要将企业招聘的大体方向写明即可。

招聘战略规划主要包括长远目标和主要措施两方面内容。

长远的招聘目标是人力资源部根据企业的发展目标制定的，是企业在某一时间段所需的不同类型的人才的总括。招聘目标需要提前制定，为招聘者提供参考。同时，招聘目标也要根据企业的发展状况做出调整，当企业的发展方向发生改变时，所需的人才类型也会随之改变。

主要措施是指实施招聘战略规划的方法。将招聘战略规划作为招聘工作的指导规划贯彻到整个招聘过程中，这样才能使规划真正地发挥作用。

◆ 对战略规划的评定、修正和调整

在战略招聘规划制作完成之后，需要对其进行评估。企业管理者可以请专业的招聘指导老师对战略规划进行评估，也可以询问员工的意见。之后，要整合所有修改意见，对战略规划的内容做出调整，使其更加完善。

在最终版本确定之后，可以进行试运行。如果战略规划对招聘工作的开展具有实际的指导意义，就说明这是一份可以长久运行的招聘战略规划。

1.4 招聘流程与制度

招聘流程与招聘制度是招聘工作中的关键环节，也是极为复杂的两个环节。人力资源部只有认真细致地处理每一个细节，才能将招聘工作做好。

1.4.1 招聘流程

招聘流程一般包括发布招聘信息、筛选简历、进行笔试和面试、表现评估、背景调查、体检、正式录用这几个步骤（见图1-4）。

在招聘工作开始之前，招聘者要将招聘信息发布在相关平台上。招聘者在编写招聘信息时要详细、准确，如求职者需要具备的知识、技能，对求职者的学历要求、性格要求，以及是否需要具有相关工作经验等。这些信息能够让求职者清楚企业对所招人员的具体要求，从而对号入座；也能够使招聘者在短时间内找到适合这一职位的人员。

招聘之道，让人才选拔更精准

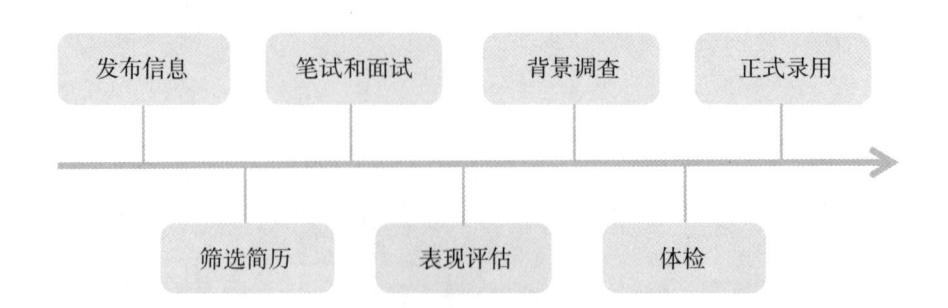

```
发布信息 ──── 笔试和面试 ──── 背景调查 ──── 正式录用
      │            │            │
   筛选简历      表现评估        体检
```

图 1-4　招聘的主要流程

除了写清楚招聘信息之外，招聘者还要将企业可提供的福利待遇写明，如该职位的薪资、工作环境、休假制度等。

招聘信息发布之后，招聘者要及时关注求职者的消息，从中挑选出条件合适的人员，并及时与其沟通。招聘者要积极回答求职者的问题，并向其说明企业需要的人才类型。如果双方能够达成共识，招聘者就可以向求职者发出邀请，请求职者到公司进行笔试或面试。

笔试主要考察求职者的专业知识，一般专业技能较强的职位都需要先进行笔试。之后按照成绩高低为求职者排名，选取前几名进行面试。

面试主要考察求职者的语言表达能力、应变能力和思辨能力。同时求职者的外貌、行为举止、言谈表现等也会影响到面试官对求职者的印象。穿着得体、举止大方的求职者会更受欢迎。

面试结束之后，面试官要综合评估各位求职者的表现，从中选出最符合职位要求的人员。

招聘者还要对求职者做背景调查，进一步核实其所提供的信息是否真实。背景调查的主要内容包括求职者的身份信息、学历背景、工作背景等是否真实，有无犯罪记录等，如果求职者的背景调查没有问题，就可以进行体检了。

在正式入职之前，求职者一般都需要进行体检，以确保身体健康。体检通过之后，求职者就可以正式入职了。

企业管理者要与即将入职的员工签订劳动合同，以保障双方的合法权益不受侵犯。大多数企业都会设置实习期或试用期，那么企业需要提供两份合同，一份是实习期或试用期合同，一份是正式入职后的合同。实习生或试用员工和正式员工的薪资待遇会有所不同，企业要根据法律规定和行业标准来确定实习生或试用员工的薪资待遇，不能随意制定。

实习生或试用员工度过实习期或试用期后就可以转为正式员工了，企业关于这一空缺职位的招聘也就可以结束了。

1.4.2　招聘制度

招聘制度是对招聘工作的具体规定，也是招聘者进行招聘的主要参照。招聘制度可以规范、约束参与招聘的人员的个人意愿和行为，保证招聘工作的公平性。

招聘制度与招聘流程相互依存、互为补充。招聘制度规定了各个流程的具体选拔标准和具体措施，招聘流程决定了招聘制度的大体框架和主要内容。二者相辅相成，相互制约。

招聘制度的主要内容包括招聘制度的适用范围、招聘目的、招聘者的主要职责、招聘的主要形式和评选标准、员工录用的基本程序等。

招聘制度要有普遍性，需要适用于企业内的所有职位。招聘的目的是挑选出合适的人才，满足企业用人的需求。招聘者的主要职责是公平、公正、公开地进行招聘，选出最适合的人才。

招聘的主要类型可分为内部招聘和外部招聘两种。内部招聘为员工自荐或他人推荐；外部招聘是招聘者通过各种渠道发布招聘信息，吸引有意向的人员前来应聘。

招聘制度中无须写出具体的评选标准，因为不同职位对员工的要求是不同的。但招聘制度要将评选标准的制定要求写出，如评选标准需要多人参与制定、要征得多数人同意、具有实用性等。同时，要规定参与评选的人数，保证每一场评选都至少有两人参加。这样可以保证评选的客观性、公正性，减少个人因素对评选结果的影响。

员工录用的基本程序包括员工入职前的准备、与员工签订合同、对实习或试用员工的评估标准等。这些规定可以加强员工入职工作的统一化管理，节约时间，提高工作效率。

1.5 招聘需求分析

招聘需求分析是企业根据自身发展的需要，对所需人才的综合分析。招聘需求分析是企业人力资源管理的关键部分，能够帮助企业整合招聘信息，选出适合的人才。

1.5.1 招聘需求分析的必要性

企业在发展过程中，对人力资源的需求也会随之变化。小到部门的职位，大到高层管理的职位，都会随着企业的发展产生人员变动。企业需要引进新型人才，其招聘需求就会发生变化。因此，招聘需求分析有其存在的必然性。

招聘需求分析能够整合招聘信息，分析不同部门的招聘需求，为企业招聘提供参考资料，使企业在不同的发展阶段都能找到合适的人才。

企业的发展需要进行转型升级、业务拓展，在这一过程中，企业的组织架构也需要不断调整，从而产生一些人员变动。招聘需求分析是贯穿企业发展全过程之中的，对企业的发展有重要作用。

某一职位的招聘需求是企业管理者基于这一职位所需人才的特点而提出的，是符合其现实要求的。人力资源部只有将招聘需求背后的原因分析清楚，才能明白各部门所需要的人才类型。

1.5.2 招聘需求分析的基本步骤

招聘需求分析主要有采集信息、整理信息和分析信息三个步骤。

第一步，采集信息，即采集不同职位的招聘需求信息。人力资源部要主动了解不同部门的岗位调动情况，以及是否有招聘新员工的需求。这样，当某一部门需要招聘新成员时，人力资源部不会过于被动。

这要求人力资源部积极与其他各个部门进行沟通，了解其发展目标、发展现状、发展规划等。这样就能大体了解各个部门所需人才的主要类型，了解各部门的招聘需求。

具体而言，人力资源部可以参照表1-1，同时结合企业具体情况来采集岗位信息。

表1-1 招聘岗位信息分析

招聘岗位信息	具体内容
岗位工作范围及职责要求	1.岗位具体需要处理的工作内容
	2.岗位的关键产出
	3.需遵守的岗位行为规范
职业环境特点	1.该岗位对企业的贡献程度、岗位价值和地位高低
	2.岗位工作压力程度和节奏快慢
	3.团队氛围融洽程度
企业发展要求	1 企业当下的主营业务及未来发展目标
	2.随着企业发展，岗位人员需要掌握的知识和技能

第二步，整理信息，即将采集到的招聘需求信息进行分类整理，将各个部门对不同职位的招聘需求进行归类，做成表格，这样就能够条理清晰地看出不同职位的招聘需求了。

同时，人力资源部要及时调整招聘信息，根据职业的变动和职位需求的改变对整理好的信息进行补充和修正，确保招聘信息的准确性。

第三步，分析信息，即对整理好的招聘需求信息进行分析，明确不同职位的特点和作用，得出客观、准确的分析结论。

1.5.3　招聘需求分析的主要内容

招聘需求分析的主要内容包含以下几个方面。

首先是分析招聘职位本身的特点，如该职位的主要工作内容与职责，该职位的员工应当具备的专业知识、技能、能力等。这是职位的硬性要求，也是员工必须具备的技能。人力资源部可以根据职位信息编写职位说明，使职位信息分析更加清晰明确（见图1-5）。

其次是分析该职位所属团队的风格特点，以及团队管理者对这一职位员工的期望。一般情况下，团队管理者会要求员工与所属团队的风格保持一致，如技能部门所招聘的员工大多是理性务实的，而公关部门所招聘的员工则是八面玲珑的。这是因为不同部门的工作性质与处事风格是不同的，因而人力资源部在进行招聘需求分析时应当考虑到不同部门的风格特点。

团队在不同的发展阶段对人才的需求也会不同，当团队的招聘需求发生改变，招聘需求分析也需要随之改变。团队初建时往往需要敢拼敢闯的员工，为团队开疆拓土；团队转型时需要符合新的发展趋势的员工，为团队提供创新力量；团队的稳定发展阶段则需要能够规避风险的员工，保证团队平稳前行。

图 1-5　职位说明的主要内容

因此，人力资源部需要及时与团队管理者进行沟通，了解其不同时期的招聘需求，不断更新信息，为招聘需求分析提供有效的资源支撑。

最后是分析职位的主要作用。每一个职位都有其存在的价值，都在企业的发展中发挥着独一无二的作用。人力资源部要清楚职位的作用和设置这一职位的原因，这样才能够准确分析出这一职位的招聘需求，为接下来的招聘工作打好基础。

慧|眼|识|人

重视招聘需求的变化

企业的部门管理者提出的招聘需求可能会发生改变。部门内部的职位变动、人员调整、业务拓展等都可能影响到招聘需求的变化，甚至招聘职位会被撤销。因此，人力资源部要随时与其他部门管理者进行沟通，了解招聘信息的变动情况，及时做出调整。

如果不注重招聘需求的变动，招聘信息就会滞后。招聘者根据滞后的信息进行招聘，就可能会招到企业不需要的人，给企业管理者带来困扰，而招聘者也会因为工作失误受到处罚。

招聘时间的变动也会影响招聘需求的变化。如果某部门管理者急需在某一时间段内招聘员工，招聘者就要特别注意时间限制。如果超过时间限制仍然没有招聘到合适的员工，要及时与部门管理者进行沟通，询问其招聘需求是否有改动。

总之，只有注意招聘需求的变化，人力资源部才能及时调整招聘需求信息，避免招聘工作出现失误。

1.6 如何制订招聘计划

招聘计划是人力资源部根据企业的人力资源现状，结合企业的人力资源规划，做出的能够在某一时间段内适用的招聘方案。

一个完整的招聘计划通常包含招聘目的、招聘时期、招聘需求、组建招聘团队、招聘预算、招聘方式、考核标准、具体时间安排等内容（见图1-6）。

为了满足企业发展的需要，提高竞争力，为企业发展提供人才支撑，企业需要招聘员工。招聘计划是招聘工作的具体安排，能够为招聘工作的有序开展提供保障。

招聘计划的适用日期通常为一年。人力资源部需要在一年工作结束时与企业管理者沟通，询问其下一年的人力资源规划方案。

人力资源部需要掌握各部门的招聘需求，在进行招聘需求分析的基础上将招聘信息整理出来，以便在新的一年里组织招聘工作。

招聘信息整理完成之后，要根据招聘工作人员的数量组建招聘团队。可以根据不同部门招聘人员的数量进行分组，以小组为单位安排具体的招聘任务，并整理出具体的人员名单。这样可以避免工作混乱、人员冗杂的情况出现，提高工作效率。

- 招聘目的
- 招聘时期
- 招聘需求
- 组建招聘团队
- 招聘预算
- 招聘方式
- 考核标准
- 具体时间安排

图1-6　招聘计划的主要内容

招聘预算是招聘工作中的主要花费，如招聘广告的费用、宣传费、资料费等。这些费用需要提前算出，并向财务部门申请，以保证招聘工作有足够的资金支持。

人力资源部需要和各部门管理者进行协商，讨论出招聘的主要方式。不同部门可能需要不同的方式，有些部门重视笔试，有些部门则重视面试。人力资源部要根据不同部门的特点和部门管理者的要求制定出多种招聘方式，满足各部门的要求。

　　招聘的考核标准同样需要与各部门管理者协商决定。人力资源部可以参考企业历年的考核标准，同时结合部门管理者的意见，以及企业的发展现状，制定出公平的考核标准。

　　制订招聘计划的最后一项工作是招聘工作的具体时间安排。人力资源部要根据不同职位对招聘时间的要求进行安排，有些职位急需招聘员工则应当优先进行招聘，尽量避免因职位空缺而增加其他员工的工作量。

　　招聘计划的主要内容确定之后，可以根据招聘工作的需求添加其他内容或一些注意事项，这样能够确保招聘计划的完整性和实用性。最后，将招聘计划整理成招聘计划书，招聘计划的制作就完成了。

1.7 常见的招聘误区

招聘误区是招聘者在招聘过程中经常会犯的一些错误，这些错误具有普遍性，是招聘过程中容易被忽视的问题。如果招聘者能够规避这些错误，就能够提高招聘的成功率，提高工作效率。

1.7.1 在招聘中过于重视学历而忽视能力

学历标准是很多企业招聘的重要关卡，对于不符合学历要求的应聘者，很多招聘者都会直接跳过其简历，不再看其他信息，但这样的做法可能会错失很多人才。有些人才或许没有达到学历要求，但其拥有丰富的从业经验和较强的工作能力，完全能够胜任这份工作，甚至可能比一些符合学历要求的人做得更好。

因此，如果条件允许，招聘者在筛选求职者简历时不应当以学历要求为绝对的标准，也应关注求职者的个人能力（见图 1-7）。如果求职者能够胜任这一职位，招聘者可以与企业管理者进行协商，录用该名求职者。这样也能够彰显企业招聘的开明和灵活。

图 1-7　学历不是招聘的决定因素

1.7.2　招聘环境不正式

有些招聘者会随意选择一个地点对求职者进行面试，这样会让求职者觉得该企业并不重视这场招聘。

招聘环境决定了求职者对企业的第一印象。足够正式的招聘环境不仅能够彰显企业对招聘工作的重视，也能够让求职者感觉到自己是被重视的。求职者受环境的影响会更重视接下来的面试，进而在面试过程中稳定发挥，招聘者也就能够根据求职者的表现决定其去留。

但如果招聘环境过于随意，求职者就会不自觉地放松，其面试表现也可能会受到影响，如举止过于随意、言谈过于口语化等，这样求职者就不能表现出真实水平，招聘者的面试考核就可能会出现失误，不能挑选出优秀的人才。

1.7.3　对企业的描述不真实

有些招聘者为了留住人才，会将企业和职位描述得过于完美，如对企业的工作环境、福利待遇进行美化，夸大描述该职位在企业中的发展空间等，企图用这种方式使求职者对企业产生好感，从而决定留在企业中工作。

从招聘本身来看，这样做可以帮企业招揽更多的人才，为企业的发展助力。但长远来看，这样做可能反而会造成企业的人力资源空缺。因为员工在工作一段时间之后就会发现，招聘者描述的内容与企业的现状不符，那么员工就会觉得自己受到了欺骗，从而选择离职。

一旦离职的员工增多，企业就会产生较大的人员空缺。人力资源的不足会为人力资源部带来较大的工作压力，也不利于企业的长远发展。

因此，招聘者在招聘时应当实事求是，将企业的发展现状如实告知求职者，只有坦诚相待，才能够招到在企业中稳定发展的员工，进而也能够保证各部门工作的有序开展。

1.7.4　面试官不够专业

面试是招聘的关键环节，也是考核评估的决定因素。面试不仅是对求职者的考验，也是对面试官的考验。面试官的表现会影响到求职者对企业的印象，甚至能够决定求职者对企业去留的选择。

有些面试官在面试时明显不够专业。在提问时过于随意，问题没有逻辑性，想起什么问什么，不能显示专业性。有些面试官甚至会问一些无关紧要的问题，如求职者的家庭、情感等涉及个人隐私的问题。

这会让应聘者觉得招聘过于随意、不够专业。应聘者可能会因此而怀疑企业的专业性，从而放弃这一职位。

有些面试官在面试时喜欢与应聘者交流，为其讲解企业的发展故事，或者自己的从业经验。这都是不够专业的表现，过度分享自己的看法会使求职者对面试的严谨性产生怀疑，也会浪费大量时间，不利于面试的正常进行。

面试官不能以自我想法左右面试的进程，与应聘者随意聊天。面试官可以通过聊天的方式使求职者放松，但要注意把控聊天内容，要与面试内容有关，却不能涉及个人隐私。

面试官要认真对待面试，在面试前做好准备，所问的问题要严谨科学，保证每一个问题都是有价值的。

[招贤纳士]

面试问题重复率高将影响精准招聘

A公司是一家广告公司，A公司的招聘者小陈负责设计部的面试工作。小陈在面试时总是根据设计部提供的资料进行提问，没有自我创新，问题的重复率很高。久而久之，就形成了提问的模板，小陈每次都根据模板提问，觉得自己毫不费力就可以完成招聘工作。

这天，小胡到A公司面试设计师。因为小胡提前已经知道了设计师面试的主要问题，并做了充足的准备，所以在面试时表现得非常出色，成功被录用。但在实际工作中，公司发现小胡的工作能力一般，专业技能也不过关，在工作时常常犯错误，最终只能辞退小胡。

设计部的管理者找到小陈，将小胡的日常表现告知小陈，责怪其面试不认真，小陈这才意识到自己的问题。为了避免再犯同样的错误，小陈开始根据设计部的用人需求变换面试题目，终于招到了合适的设计师。

由此可见，招聘者在进行招聘时不能为了省时省力就一直问同样的问题，一旦被求职者发现，就可能投机取巧，提前准备答案，这样难以保证招聘考核的准确性和公平性，招到的员工也可能无法胜任这份工作。

第2章

广开渠道，引进人才

随着时代的飞速发展，企业对各方面人才的需求逐渐增加。在风云变幻的市场竞争中，谁拥有的优秀人才越多，谁就能占有更大的发展优势。在有限的招聘时间里，谁拥有更广阔的招聘渠道，谁就能在人才招聘大赛中抢占先机，率先将优秀人才收入麾下，从而为企业的长远发展奠定坚实的人才基础。

2.1 内部招聘

随着时代的飞速发展,企业为了能够从外部招揽到优秀的人才可谓是使尽浑身解数。内部招聘渠道逐渐成为大多数企业容易忽略的一种招聘渠道,但被忽略并不意味着不重要,掌握内部招聘的特点与操作方法,一样可以使企业成为"抢人大赛"的赢家。

2.1.1 内部招聘是一把双刃剑

比起其他招聘渠道,内部招聘有着独特优势。在内部招聘中,企业对应聘员工有着全面且深入的了解,更清楚应聘员工适合什么职位,以及在这一职位上工作能激发出该员工怎样的潜能。

同时,由于企业内部员工常年受企业文化熏陶,早已将企业文化熟记于心,通过内部招聘到另一个岗位,不过是变更了自己的工作内容及岗位职责，只需具备相应的工作能力，再经过与周围同事的简单磨合，便能顺利开展工作。这不仅降低了企业的招聘成本，还能为企业创造更大的价值。

此外，通过内部招聘实现职位调动，不仅可以激发员工更多的发展潜能，还可以充分调动员工的积极性，从而激励员工为企业的发展贡献更多的力量。

当然，内部招聘也有一定的劣势，如果企业的岗位需求过多，只采用内部招聘的方式显然无法满足企业所有的岗位需求。况且企业内部招聘容易产生近亲繁殖的潜在风险，如果领导与下属在企业内部形成了自己的小团体，甚至合伙谋取非正常利益，那无疑是养虎为患，最终会威胁到企业的生存与长远发展。

此外，在内部招聘的过程中，若无法保证招聘环节的公平公正，也容易给参与招聘但最终落选的员工造成一种"内部招聘不公平"的印象。这不仅会影响落选员工的工作积极性，甚至会引发企业内部团队矛盾，进而影响企业的健康发展。

对于企业来说，内部招聘就像一把双刃剑。企业招聘者若能掌握内部招聘渠道的优势与劣势，并根据企业的实际发展情况善加运用，这一招聘方式就能给企业带来意想不到的惊喜——不仅能让企业内部优秀人才在最合适的位置上大放异彩，还能进一步激发内部其他员工的积极性，从而为企业的长远发展创造更大的价值。

2.1.2　内部招聘的实操方法

当企业出现岗位空缺时，可以优先采取内部竞聘、内部轮岗与调岗以及内部晋升等方法，在促进企业内部人才流动的同时，进一步激发人才的工作潜能。值得注意的是，企业在内部招聘的实际操作过程中，应遵循以下几个步骤。

第一步：人力资源部结合企业实际用人情况，在企业官方平台或公告栏上发布内部招聘通知。

第二步：企业员工在了解内部招聘信息后，向人力资源部提交自己的应聘申请书。

第三步：人力资源部对员工提交的应聘申请书进行审核并安排相应的笔试，要求通过审核的员工按时参加笔试。

第四步：企业用人部门对通过笔试的内部员工进行面试，必要时也可加试其他技能测试，用人部门在确定面试合格的人选后应与人力资源部共同商议并调整员工的薪资。

第五步：人力资源部应将面试结果及时告知内部员工，并办理相应的职位调动手续，如更新员工档案等，督促员工做好工作交接。

对于选用内部招聘渠道的企业来说，掌握一套合理的实操方法不仅能保证企业内部招聘的公平、公正性，还能提高企业内部招聘的效率，可谓是一举多得。

2.1.3 内部招聘与外部招聘的比较

不可否认，内部招聘优势十分突出，但也存在不足之处，所以当内部招聘无法满足企业发展需要时，企业可以结合具体情况选择渠道多元、人才选择范围广的外部招聘去为企业引进更多人才。

实际上，内部招聘与外部招聘各有利弊，具体选择哪一种招聘渠道，可以综合二者的优缺点结合使用。

招聘之道，让人才选拔更精准

内部招聘与外部招聘具体的优缺点对比如表2-1所示。

表2-1 内部招聘与外部招聘优缺点对比

	优势	劣势
内部招聘	招聘准确率高，岗位匹配度高	选择范围窄
	对内部员工具有一定的激励作用	容易激化内部矛盾
	有效缩减招聘成本和人才培训成本，简化招聘流程	容易导致企业人才评价体系固化，缺乏活力
	缩短磨合期，提高团队运转效率	可能出现管理困难等现象
外部招聘	应聘人员多，选择范围广	使内部人员的积极性受挫
	外来优秀人才可激发团队"鲶鱼效应"，激发团队活力	新员工不了解企业情况，适应慢
	招聘技能熟练的外来员工入职，能有效节省内部培训成本	招聘流程复杂，时间跨度大，投入成本高
	可充分利用外部招聘在本地人才市场中树立良好企业形象	容易选拔到不合适的人才，造成更多的试错成本

慧|眼|识|人

招聘渠道选择攻略

毫无疑问，招聘渠道的选择对企业的人才招聘是至关重要的，但是企业该如何选择适合企业实际情况的招聘渠道呢？

对于企业招聘者来说，"照抄照搬"别家企业的招聘渠道，不一定能顺利解决自家企业的用人问题。一般来说，招聘渠道的选择应着重从以下几个方面进行考虑。

招聘渠道特点：企业招聘者只有掌握招聘渠道的特点，明确招聘渠道的优势与劣势，才能根据企业的实际情况，在权衡利弊后选择适合企业的招聘渠道。

目标人群定位：不同的招聘渠道适合不同层次的应聘人群，企业招聘者只有先明确目标人群的层次定位，才能选择更适合企业的相关招聘渠道。

企业招聘成本：招聘渠道的选择在一定程度上会受到企业招聘成本的影响，企业招聘者在选择招聘渠道时，应当考虑企业的招聘成本，确保在企业招聘成本的预算内选择合适的招聘渠道。

2.2 校园招聘

在众多招聘渠道中,校园招聘渠道既是近年来大多数企业常用的招聘渠道之一,也是一种充满青春气息的招聘渠道。校园招聘有特色、有专场、有个性,值得企业招聘者对其进行深入了解(见图2-1)。

图 2-1 校园招聘的特征

2.2.1 校园招聘有特色

校园招聘有着独有的特色，即应聘对象绝大部分为即将毕业的年轻大学生。这些年轻的应聘对象敢想、敢拼，入职后不仅在各方面愿意服从企业管理，具有较强的可塑性，更能为企业节省招聘成本。校园招聘可谓是大多数企业较为理想的招聘渠道。

但是，校园招聘是一条适用于所有企业的招聘渠道吗？并不是。年轻的毕业生身上固然具备其独特的优点，可是他们的目标也非常明确，他们希望自己走出校园后可以获得更多、更好的学习机会，以促使自己更快地成长，那些拥有健全人才培养体系的企业很显然更能吸引毕业生求职者的目光。如果一个企业尚未建立完善的人才培养体系，却盲目地选择校园招聘渠道，则很有可能"赔了夫人又折兵"。即使最后招揽到了一些年轻的毕业生人才，结果也很难确保这些毕业生能长久地在企业工作下去。

2.2.2 校园招聘有专场

在校园招聘的过程中，企业最常用的方式之一便是举办校园专场招聘会，即预约好的招聘会场中只有你一家企业，不仅有效避免了在招聘会场上与同行争抢人才的情况，还可以统一收集应聘毕业生的简历，并对这些应聘者进行集中面试，从而实现在有限的时间里更加高效地招揽人才。

成功的校园专场招聘会一般需要达到在学校对企业广泛地进行宣传以及收获充足的应聘简历的目的。那么，究竟如何才能举办一场成功的校园专场招聘会呢？企业招聘者不妨从以下几个方面着手（见图2-2）。

校企对接 → 熟人宣传 → 真诚邀请

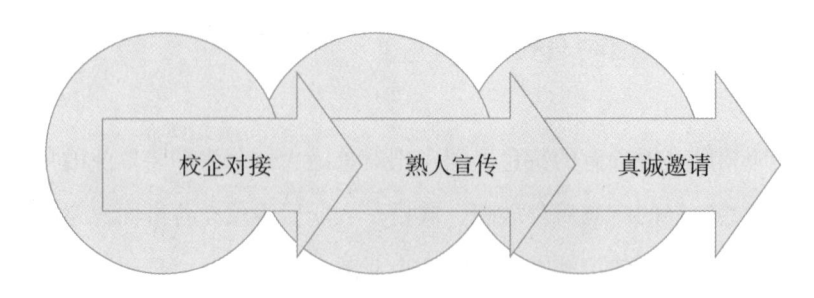

图 2-2　校园专场招聘会操作步骤

◆ 校企对接

校企对接是企业举行校园专场招聘会的首要步骤。企业招聘负责人应至少提前一周与目标学校取得联系并进行沟通，因为只有做好校企对接，才能让目标学校了解企业文化与企业招聘职位，进而帮助企业进行校园宣传，以吸引毕业生的求职目光。

在校企对接的过程中，企业的招聘负责人应提前与大学相关院系相关专业的辅导员老师进行联系，吸引更多专业对口的毕业生人才参加企业的专场招聘会，进而提高企业的人才招聘效率。

◆ 熟人宣传

做好熟人宣传工作可以帮助企业取得事半功倍的效果。年轻的大学毕业生还没有踏入社会，比起企业的宣传，他们更愿意听取自己的老师或学长、学姐的意见，如果企业在校园专场招聘会上有辅导员老师或学长、学姐帮忙进行宣传与介绍，更容易增加毕业生对企业的信任度，企业也更容易招聘到优秀的毕业生人才。

◆ 真诚邀请

人与人之间的交往最重要的便是"真诚",企业招聘者若怀着一颗真诚的心面对这些年轻的求职者,必然能收获求职者更加真诚的反馈。

在校园专场招聘会上,招聘者若能耐心地与毕业生人才进行沟通,为其答疑解惑,并适当给其提出岗位选择建议,如果有条件的话,邀请一些参加专场招聘会并有意向加入企业的毕业生代表到公司进行实地参观,则更容易让毕业生人才感受到企业的真诚邀请与用心对待,从而进一步提升毕业生人才主动加入企业的概率。

除此之外,想办好校园专场招聘会除了需要熟人帮忙宣传外,还要做好相应的准备工作,如统一的服饰、主持人的演讲稿与PPT以及重要的企业宣传文件等。对于企业给大学毕业生人才的福利待遇也要详细列出,如果企业有完善的人才培养体系则更应该作为企业优势着重介绍,这样才能抓住大学毕业生求职的关键点,一击即中,进而为企业招聘到更多有上进心的年轻人才。

对于举办校园专场招聘会的企业来说,掌握一套切实可行的操作方法不仅能达到预期的校园招聘效果,还能为企业招揽到一批有激情、有梦想的年轻人才,真可谓是两全其美。

2.2.3 校园招聘有个性

校园招聘之所以在众多招聘渠道中更受企业招聘者的青睐,还在于校园招聘的双向选择性。只有应届毕业生与企业招聘者见面沟通并达成合作意向,且在双方均为自愿的前提下,才可以签订只有应届毕业生招聘才有的三方协议。

在学校的双选会上，企业通过与几十家或上百家企业共同争抢人才的方式，招揽更加优秀的毕业生人才。想要在校园双选会上脱颖而出，企业招聘者需要优先考虑以下几个方面。

第一，加派人手，一锤定音。校园双选会要讲求效率，企业可以多派一些招聘者到校园参加双选会，这样能与有求职意向的毕业生进行更详细的沟通。如果用人部门能够进行现场面试并敲定人选，则可以一锤定音，直接告知毕业生人才入选结果，并向其发出最真诚的邀请，以加深其对企业的好感度，吸引其自愿加入企业。

第二，亮出优势，吸引人才。年轻的毕业生人才对自己的未来工作一直有着美好的期待与向往，如果招聘者可以亮出企业的优势，如广阔的发展前景、完善的人才培养体系、透明的薪资结构、定期员工体检、人性化的企业管理制度以及节假日福利等，一定可以吸引很多优秀的毕业生人才投递简历。

第三，自填简历，加深印象。在双选会上，学生一般都会自备简历，但参与双选会的企业多达上百家，为了避免出现事后学生不记得企业名字的情况，现场填写简历更能加深其对企业的印象，这样更便于事后与毕业生的沟通与交流。

对于参加双选会的企业来说，要想达到预期的校园招聘效果，确实需要在招聘方法上花费心思，但只要企业招聘者用心去做，真诚招聘，相信毕业生一定会感受到企业对于双选会准备的用心，进而自愿成为企业的一份子，为企业发展贡献自己的力量。

[招贤纳士]

熟人宣传——事半功倍的专场招聘会

P公司计划在春季校园招聘会上为财务部、技术部和销售部招聘一些毕业生人才。P公司的人力资源部陈主管在浏览公司内部员工简历的过程中,无意间发现财务部王经理曾就读于本次目标招聘院校之一。他灵机一动,又分别找到技术经理和销售经理两人曾经就读的院校,发现这两所学校也在本次目标招聘院校的范围内,他立刻与财务经理、技术经理和销售经理进行沟通,提议请他们在目标院校的招聘会当天出席会场,一起向毕业生宣传企业,吸引毕业生人才加入公司,他的提议很快就得到了三人的积极响应。

校园专场招聘会当天,财务经理、技术经理和销售经理分别回到自己的母校,在P公司的招聘会场向学弟、学妹们宣传自己的公司,并向学弟、学妹们分享自己多年的从业经验,经过三人的宣传,P公司的招聘会场很快就挤满了想要投递简历的毕业生。由于这三人在公司的地位较高,甚至已经具备部门管理权,因此在遇到理想的毕业生人才并经过几轮现场面试后,很快就与陈主管沟通并拍板确定录用人才,P公司的招聘任务提前完成,三人不仅为企业招聘到了合适的人才,还为企业节省了很大一笔招聘成本。

正是由于人力资源部陈主管的明智之举,采用熟人宣传的方法成功吸引到了毕业生人才,又通过部门经理与毕业生现场直接沟通的方法,才使得P公司不仅招聘到了合适的人才,提高了企业招聘效率,还为企业节省了招聘成本。

2.3 社会招聘

对于需要丰富工作经验的工作岗位，没有任何工作经验的应届大学毕业生往往难以胜任，这时便可以寄希望于社会招聘。通过层层选拔的人才，除了具有丰富的工作经验之外，更具备较强的工作能力。社会招聘的特点、形式与操作方法也因此值得招聘者用心钻研并付诸实践。

2.3.1 社会招聘的特点与形式

相较于校园招聘对象的特定性来说，社会招聘对象更加具有广泛性，整个社会已经毕业的求职者均包括在内。一般来说，企业进行社会招聘更多的是为了满足实际用人需要，绝大多数企业在社会招聘过程中会更愿意招聘有一定工作经验的人才。

社会招聘除了具有招聘对象广泛的特点之外，还具有企业招聘成本低、招聘周期短以及人才选择空间大等优点，便于企业在短时间内更迅速地招聘到岗位所需的人才。

但社会招聘也存在一定的劣势，如应聘人才良莠不齐、筛选求职者简历的工作压力大，以及优秀应聘人才的不确定性等，若最终确定录用的优秀人才手中有多家的录用通知，而企业给出的最高待遇又无法达到对方的预期目标，则很有可能与真正的人才擦肩而过，白白浪费了此次社会招聘的机会。

随着我国网络技术的飞速发展，社会招聘也逐渐发展出线下招聘与线上招聘两种形式。顾名思义，线下招聘主要指传统的社会招聘会或供需见面会；线上招聘则主要指依托网络技术，在各大招聘手机应用软件、招聘网站、社交媒体甚至短视频平台开展的招聘活动，可以说社会招聘在线上无处不在。

企业招聘者只有在了解社会招聘特点的前提下，结合企业发展的实际情况，在做好线下招聘的基础上，跟紧时代发展的步伐，不断更新切实可行的线上招聘形式，才能进一步提高社会招聘效率，为企业及时招揽到充足且合适的社会人才。

2.3.2　社会招聘的实操方法

掌握一套切实可行的操作方法可以在很大程度上提高企业的社会招聘效率。对于线下社会招聘来说，最常见的方法就是参与各地的人才招聘会，并通过在招聘会场上设立招聘摊位的形式，吸引线下求职者的目光，以此来为企业招聘到合适的人才。

企业招聘者想在线下招聘会上更好地吸引求职人才的目光，不妨从以下几个方面做起。

第一，主动沟通，确定招聘时间与场地，预订展位。线下招聘会通常由主办单位负责安排各项事宜，企业招聘者应及时与主办单位进行沟通，让对方了解企业的招聘岗位与招聘人数，并确定招聘时间、场地与企业展位。

第二，做好准备工作，确保心中有数。在招聘会场上，招聘摊位的设计与招聘者的言谈举止往往是求职者对企业的第一印象。企业应提前规划好招聘流程，按流程对招聘者进行相应的培训，并提前做好招聘摊位的设计（如企业招聘摊位的主题颜色、企业宣传海报等），才能既提高企业招聘摊位的辨识度，又能使招聘者分工明确、举止规范，进而给求职者带来良好的企业第一印象。

第三，加大宣传力度，提前布置会场。在招聘会正式召开前利用多方宣传渠道加大宣传力度，在招聘会当天至少提前30分钟入场并按计划布置招聘摊位，同时做好其他招聘准备工作。

第四，在招聘过程中，通过现场初试的求职者，招聘者可以直接向其发放面试通知单，与求职者进行沟通并确定第二次面试的时间，求职者可在规定的时间凭通知单到企业参加第二次面试。面试结束后，招聘者应尽快将面试结果告知求职者，以免影响企业后续工作的安排。

对于线上社会招聘来说，招聘者在选定招聘网站后，可以按照下面的操作流程进行招聘。

首先，开通网站账号并发布招聘信息。招聘者在选定招聘网站后，应先在招聘网站上注册并填写企业信息，如企业规模、企业员工人数及主营业务、所属行业等。待招聘网站开通账号后发布招聘信息，如招聘职位的名称、人数、类型、工作职责以及任职要求等。

其次，收集并筛选简历。收集汇总求职者在线上投递的电子简历并进行分类打印，送至各部门负责人处，待各部门负责人将符合职位要求的简历筛选出来后，再与符合要求的求职者进行沟通并确定面试时间与面试地点。

再次，做好面试安排与入职准备。提前做好相应的面试准备，若企业有需要笔试的岗位，可以先安排笔试再进行面试，确保初试与复试在一天内完成，这样既能提高招聘效率，又能避免让求职者跑两趟的不便情况。面试结果出来后，应及时告知求职者并提前做好录用人才的入职准备工作，如领导审批、入职培训计划、新人考核计划等，明确新人培训的时间、地点、内容以及新人考核标准等。

最后，做好招聘网站的分析与评估工作。在整个线上招聘过程结束后，招聘者要做好招聘网站的分析与评估工作，明确招聘网站对不同类型职位的招聘效果，以便未来更顺利地进行线上招聘。

现如今，社会招聘渠道中的线上与线下招聘方式仍然是大部分企业常用的人才招聘方式。掌握社会招聘的实操方法，不仅能帮助企业提高招聘效率，还能在节约招聘成本的基础上为企业招揽到更多有一定工作经验的优秀人才，可谓是一举多得。

慧|眼|识|人

线上社会招聘的新形式

近些年，随着网络科学技术的飞速发展，线上招聘除了常见的网站招聘外，还产生了许多令人惊叹的新形式。

"小红书"招聘："小红书"是一款主打推荐各种攻略且用户量庞大的平台，由于其活跃用户大多数为年轻人，所以也有一些企业会在

"小红书"上发布招聘信息，有求职意向的人可以直接将自己的简历发到HR邮箱或直接在招聘信息下方进行评论，也可以直接私信发布招聘信息的用户，十分便利。

短视频招聘：随着短视频行业的飞速发展，许多知名企业开始入驻各大短视频平台，开启了短视频招聘之旅。由于短视频平台的用户具有年轻化的特点，企业若在招聘视频的拍摄与宣传方面下足功夫，提高视频的转发量与浏览量，一定有机会吸引到年轻优秀人才的加入。

企业只有根据自己岗位需求的实际情况，并结合各类线上招聘形式的特点，选择适合企业实际操作的线上招聘形式，才能最终招揽到企业发展所需的优秀人才。

2.4 推荐招聘

推荐招聘是常见的招聘渠道之一。通过推荐招聘的方式，企业能在最短的时间内招聘到最合适的优秀人才，从而帮助企业顺利度过突发的用人危机。

2.4.1 推荐招聘的特点

与社会招聘或校园招聘相比，推荐招聘对招聘者乃至整个企业领导层的人际圈或职业圈都具有一定的依赖性。如果招聘者或企业领导层都没有自己可靠的职业圈或人际圈，那么当企业重要职位突然出现空缺时，招聘者或企业领导层往往难以在短时间内找到合适的人才进入企业，来承担这个重要职位的相关工作，这将在很大程度上影响企业的健康发展。

在企业出现职位空缺时，如何能在短时间内招聘到合适的优秀人才？这是许多招聘者乃至企业领导层需要努力思考的一个重要问题。实际上，如果招聘者和企业领导层能够掌握推荐招聘的特点，不断拓展自己的人际圈和职业圈，积累自己的后备人才库，那么当企业突然面临关键员工离职的情况时，招聘者或企业领导层就可以通过调动自己的后备人才库，向相关部门推荐合适的人选，从而帮助企业度过人才危机。

2.4.2 推荐招聘的实操方法

推荐招聘实际上是一种通过推荐的方式来满足企业用人需求的招聘渠道。掌握推荐招聘的实操方法，不仅可以帮助企业顺利度过人才危机，还可以打造自己的后备人才库，以便在未来随时填补企业可能出现的职位空缺。常用的推荐招聘实操方法有拓展人际圈与职业圈和建立"推荐奖励"机制两种（见图2-3）。

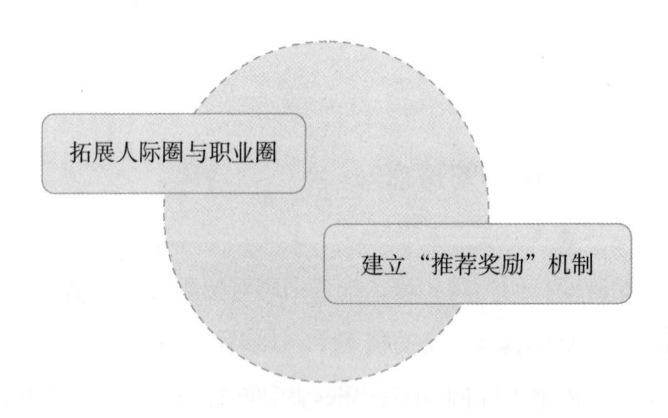

图2-3 推荐招聘的实操方法

◆ 拓展人际圈与职业圈

众所周知，推荐招聘更依赖企业管理层和招聘者的人脉资源。想要拥有丰富的人脉资源，时刻为企业岗位谋求优秀的备选人才，企业管理层和招聘者都应该不断拓展自己的人际圈和职业圈。

想要拓展人际圈，可以利用自己现有的人脉资源，通过同事或朋友引荐的方式定期接触一些在各行各业稍有建树的人才，筛选出可能与企业各部门职位要求相匹配的人，并定期与这些人保持联系，一旦企业出现了岗位空缺或急需用人的情况，便可以及时向他们求助。

想要拓展职业圈，则可以通过网络渠道，搜索并加入一些同行群，也可以自己在网络社交平台上申请创建一个同行群，并进行宣传，以拓展自己的职业圈。这样当企业出现岗位空缺时，可以请群内的同行推荐合适的人选，进而帮助企业迅速招聘到所需人才。

◆ 建立"推荐奖励"机制

想要真正掌握推荐招聘的精髓，除了拓展人际圈和职业圈之外，还要将整个企业的内部员工的推荐积极性全部调动起来，营造一个全民"星探"的良好氛围。

建立企业"推荐奖励"机制，当被推荐人在企业岗位认真工作满一定时间后，企业发给推荐人推荐奖励，具体奖励形式可以由企业根据实际情况自行决定。奖励可以叠加，年终统一发放，也可以在年终评选一位企业"最佳星探"予以特别奖励，以此来吸引内部员工积极主动地为企业推荐合适的优秀人才，帮助企业降低用人风险，进而提高企业推荐招聘的成功率。

企业领导层和招聘者如果能够掌握推荐招聘的实操方法，不断拓展自己的人际圈与职业圈，建立自己的后备人才库，积极鼓励企业内部员工成为优秀人才的"星探"，为企业源源不断地推荐优秀人才。这样即便企业在未来突然遇到用人危机，也能够安然度过。

[招贤纳士]

员工变"星探",招聘变简单

C公司是一家从事餐饮行业的公司。在经历了初创期的坎坷后,公司好不容易才开始正常运转。不巧此时公司的财务经理因家中变故突然辞职,使得C公司瞬间缺少一位能够平衡公司财务的决策者,许多餐饮业务的拓展也因为缺少财务经理而被迫延期。

C公司的总经理心急如焚,他找到人力资源部张经理共同商议,希望张经理可以为公司招聘到合适的财务经理。张经理结合整个公司员工的实际情况,当即决定向企业所有员工宣布财务经理的推荐招聘信息,并附上应聘条件和诱人的推荐奖励。消息一出,C公司的全体员工立即开始行动,纷纷将自己认为合适的人选推荐给公司,经过一系列考核与筛选,C公司很快就招聘到了优秀的财务经理。

事后,C公司总经理特别设立员工推荐奖,并向员工开大会进行宣传。若员工推荐的人才每年超过3个人,并且这些人才来到公司认真就职超过三个月,年底就会向这些员工"星探"发放推荐奖金。从此以后,C公司不仅再也没有发生过人才危机,还因为有源源不断的人才注入使得公司规模逐渐扩大,甚至在多个城市开了分公司,C公司也因此一跃成为餐饮行业的知名大公司。

C公司之所以能顺利度过人才危机,得益于人力资源张经理想出的推荐招聘方法。C公司后续能不断发展壮大,更得益于总经理的别出心裁,员工推荐奖的设立不仅调动了员工的推荐积极性,降低了C公司的人才招聘难度,还为公司的发展奠定了坚实的人才基础,真可谓是明智之举。

2.5 外部合作招聘

外部合作招聘是能够帮助企业度过用人危机的一种特殊招聘渠道，主要指企业通过与外部公司的合作，实现招聘所需人才的目的。想要抓住外部合作招聘的关键，不仅要了解外部招聘的特点，还需要掌握外部招聘的操作方法。

2.5.1 外部合作招聘的特点

外部招聘渠道不仅适用于企业招聘者遇到招聘困难的情况，还适用于企业招聘成本大于招聘成果产出的情况。

一般说来，外部合作大多是企业与猎头企业或劳务企业之间的合作。猎头企业不仅有着更广泛的人脉资源，还有着更为专业的人才筛选与背景调查方法，适合为企业招聘中高端的专业人才。劳务企业的招聘服务费用相较于猎头企业更加优惠，能为企业降低一定的用工风险，但是劳务企业更适合用于招聘从事一线基础性工作的人才，能提高一线基础性人才的就业选择性，最终实现双方的共赢。

但无论是哪一种合作方式，招聘者都要谨慎操作，提前根据自己公司人才需求的实际情况，选择合适的外部合作招聘公司，并对这些合作公司招聘来的人才进行严格把关，确保人才质量过关，人才与企业职位需求的匹配度达标，从而真正为企业招聘到合适的人才。

2.5.2　外部合作招聘的实操方法

掌握外部合作招聘的操作方法不仅可以帮助企业更好地解决当下已经发生或未来可能发生的用人危机，还能为企业的长远发展提供一个强有力的人才保障。常见的外部合作招聘操作方法如图 2-4 所示。

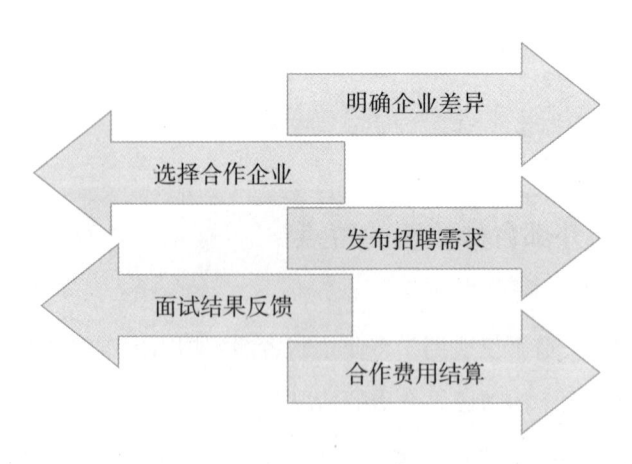

图 2-4　外部合作招聘操作方法

明确企业差异。由于猎头企业和劳务企业都属于外部合作企业的范畴，因此在选择外部合作企业时，企业招聘者要先明确二者的区别。猎头企业重在高层人才的招聘，如企业各部门经理、尖端技术人才等；劳务企业重在基层人才的招聘，如一线技术员、基层业务人员、服务人员等。只有结合企业岗位需求的实际情况来选择外部合作企业，才能真正实现对症下药，药到病除。

选择合作企业。在选择猎头企业时，企业招聘者应结合企业招聘预算的实际情况进行选择，同时要遵循"货比三家"的原则，在能力范围内对选取的多家猎头公司优劣势进行对比，优先选择既经济实惠又有着明确优势的猎头企业。在选择劳务企业时，则要根据企业用工的实际情况，优先考虑信誉度较高的劳务企业，避免出现劳务企业为了经济利益只重视招聘人才数量而忽视人才质量的情况。

发布招聘需求。根据企业用人的实际情况，将招聘需求告知合作的猎头企业或劳务企业，并派专人负责跟进合作企业的招聘进度。一般说来，猎头企业在筛选出合格的人才简历后会转交给用人企业审核，由用人企业与人才协商面试时间与地点。劳务企业则会提供人才的招聘、培训和管理等一系列服务，企业只需跟进劳务企业的招聘进度并对最终进入企业的人才进行严格把关即可。

面试结果反馈。企业对应聘人才的面试结果出来后，招聘者应及时向合作的猎头企业进行反馈。如果人才不符合职位招聘需求，可以与猎头企业进一步沟通并再次明确岗位需求，以便其筛选出更适合的人才。如果应聘人才通过面试，符合职位的应聘需求，招聘者可以请猎头企业出具人才的背景调查报告，并向人才发送录用通知。

合作费用结算。猎头企业并不是免费提供人才招聘服务的，在所聘人才进入企业办理就职手续并通过试用期后，招聘者不仅要及时与猎头企业进行合作费用结算，还要与合作的猎头企业保持良好的联系，进而为下次合作奠定一个良好的基础。

慧|眼|识|人

合作有方法，选择需谨慎

众所周知，掌握与外部企业合作的有效方法可以帮助企业更加顺利地招聘到合适的人才。但是，如果在一开始选择合作企业的环节上出了差错，即便掌握了有效的合作方法，也仍然会影响企业间的合作效率，最终给双方企业带来损失。

想要选到理想的外部合作企业，就需要关注以下几点。

诚信：诚信不仅是人与人交往必备的品质之一，也是企业间开展良好合作的前提条件。如果合作的企业风评较差，甚至臭名昭著，那必然会在未来给企业造成麻烦甚至损失。

专注度：俗话说"萝卜白菜，各有所爱"，不同岗位人才的招聘需要选择专注度与之契合的外部合作企业。如果一个企业要招聘财务经理，却选择一个专注于招聘IT人才的猎头企业进行合作，那结果可能不尽如人意。招聘者只有根据企业岗位缺人的实际情况，选择行业专注度对口的合作企业，才更能起到事半功倍的效果。

实力：合作企业除了应提供基本的服务之外，还要有强大的实力保障被其雇佣的员工的基本利益，如工资福利、人文关怀、技能培训等。这样才能提高派遣员工的满意度，从而为用工企业创造更大的价值。

选择一个优质的外部合作企业不仅能提高企业间的合作效率，还能帮助企业顺利招聘到岗位所需的优质人才，这是非常值得招聘者去认真对待和慎重选择的。

2.6 招聘文案的编写方法与技巧

一则精彩的招聘文案不仅能帮助企业收获大批人才简历,还能为企业节约招聘时间,提高企业招聘效率。想要掌握招聘文案的编写方法与技巧,企业招聘者不仅要明确文案编写要点,还要掌握随机应变的招聘文案风格。

2.6.1 不可忽视的编写要点

俗话说:"人靠衣装马靠鞍",优秀的招聘文案就像人的"新衣"一样引人注目,源源不断地吸引优秀人才主动投递手中的简历。那么,究竟如何才能编写出优质的招聘文案呢?下面这些编写要点是绝对不可忽视的。

第一,公司简介与办公地点。简单介绍企业的办公地点与周边办公环境,详细介绍企业主营业务、所获成就、发展前景及企业文化,必要时可以视频或图片等方式进行宣传与展示。

第二，职位名称与薪酬福利。这两个方面通常是求职者最为关注的部分，编写这两部分招聘文案时应力求简洁，使求职者一目了然。如果企业能够提供具有竞争力的薪酬福利，则可以将这部分文案进行加粗，更容易吸引求职者向企业投递简历。企业薪酬福利的设置要实事求是，切忌在招聘文案中出现"薪酬面议"，否则容易给求职者造成一种企业招聘诚意不够的误会，进而降低企业的招聘效率。

第三，职位需求与任职条件。基础的招聘文案不仅要有职位需求，还要有相应的任职条件。职位需求的编写重点应放在企业究竟要招聘具体负责什么工作的人才，任职条件的编写重点应放在究竟具备哪些能力的求职者才能胜任这个岗位的具体工作。逻辑清晰的职位需求与任职条件，更容易使求职者辨别自己是否能够胜任企业岗位，不仅为求职者提供便利，也避免企业收到一堆毫不对口的求职简历，进而减轻招聘者后续简历筛选工作的压力。

招聘文案是人才在求职时最直接的了解企业的方法，也是人才对企业树立第一印象的关键所在。用心编写的文案不仅能使人才感受到企业的真诚，更能在一定程度上提高企业的人才招聘效率。相信杰出的招聘者定会在企业招聘文案的编写方面下功夫。

2.6.2　随机应变的编写风格

招聘文案的编写风格要尽可能避免千篇一律。在掌握了不可忽视的文案编写要素之后，招聘人员要根据不同的招聘渠道和不同招聘岗位设计自己的招聘文案风格，做到随机应变。

传统渠道招聘文案的编写应力求语言简洁易懂，只需突出关键的招聘信息，将不可忽视的文案要素逐一填充即可，使求职者一目了然，进而吸引求职者投递简历。

网络渠道招聘文案的编写应突出创新性，尽可能地激发求职者的阅读兴趣，进而提高企业的简历投递率。

社交推荐渠道的文案应重在煽情，让求职者或被推荐人感受到企业真诚期待他们加入。

校园招聘渠道的文案则要明确学生的需求，激发他们对企业的兴趣，突出企业未来的发展前景和完善的人才培养体系，进而点燃大学毕业生们加入企业的热情。

下面结合不同的工作岗位推荐几种典型的招聘文案风格。

天马行空风：对于艺术类、创意类或设计类的招聘岗位，更适合选用天马行空的招聘文案风格。例如：给你一支画笔，你能绘出最美的人间；给你一把剪刀，你能剪出绚烂的世界；给你一个创意，你能撼动无边的宇宙。来吧朋友，这里包容你的古灵精怪，这里更欣赏你的天马行空！

网络搞笑风：对于新兴行业的招聘岗位，如主播类、短视频创作类等岗位，可以选用搞笑幽默的招聘文案，同时结合一些网络流行语来吸引求职者投递简历。例如：你知道吗？站在风口上，猪都能飞起来！你想改变自己的命运，那么恭喜你，我们的大门永远向你敞开。不论你是小哥哥还是小姐姐，只要你有梦想，只要你想飞，来我们这里，你一定会飞得更快、飞得更高！

点燃激情风：这类招聘文案的风格既适用于一些以年轻人为主的招聘岗位，如剧本杀主持人、密室逃脱非玩家角色（NPC）等岗位，也适用于校园招聘渠道的文案。例如：生命的意义在于永不停息的奋斗与不惧挑战的尝试，想让你的生命更加绚丽多彩吗？想尝试更多新奇的职业吗？想在趣味中赚得盆满钵满吗？加入我们，你将和我们一同开启无限新奇的开挂人生！

文艺哲理风：对于一些编剧类、自由撰稿类、策划类或者文案编辑类等对文学素养要求较高的岗位，在编写招聘文案时更适合选用文艺哲理风。例如：青春是一抹被朝阳染红的云，纵使绚丽多姿，终将转瞬即逝；人生是一条孤独且漫长的路，纵使错落有致，终是过眼云烟。不要惧怕失去，不要恐惧别离，我们共同携手，一定可以为这个世界留下些什么！

真诚朴实风：这种风格既适合较为务实的企业，也适合社交推荐招聘渠道的招聘文案。招聘者可以根据企业文化的实际情况来编写岗位招聘文案，通过真诚朴实的文案来吸引求职者或被推荐人投递简历。例如：我们需要的人才，能够胜任管理工作，既能管理好团队，也能处理好与各部门的关系，还能做好其他相应工作，不仅有责任心、有耐心，最重要的还应热爱这个职业，你与企业相互成就，共同进步！

不同的招聘岗位与招聘渠道需要招聘者灵活地选择文案的编写风格，但不论选择何种风格来编写招聘文案，关于职位的详细说明及任职要求部分都要尽可能正式一些，关键部分也可以加粗相应的字体，这样不仅能展现文案的条理性与逻辑性，更便于求职者的阅读与理解。

[招贤纳士]

精品文案，广招人才

T公司旗下负责开发各类娱乐App的X工作室想要招聘一批年轻的优秀实习生，于是该工作室在校园招聘指定的网站上发布了这样一份令人激情澎湃的招聘文案：

生命不息，奋斗不止！年轻有为的你是不是也向往着自己的星辰大海？为梦而战，此生无悔！加入我们，为你的梦想放手一搏！

我司旗下的X工作室主要负责开发各类娱乐App，与××、××等知名上市公司皆有过深度交流与合作。以下是我们足以说服你的三条理由：

第一，高薪！丰厚月薪、绩效奖金、年终奖和超赞福利激发你的热情！

第二，高价值！我司卧虎藏龙，和诸多业内大拿一起合作，学习最新行业技术，令你逐步积累工作成就感和价值感！

第三，自在！我司工作氛围融洽和谐，团队成员团结给力，给你自在、愉快的工作体验！

请在×月×日×时，携带你的简历来到××学校××校区×楼参加我们的校园宣讲会，机不可失，失不再来，你的未来掌握在自己的手里，我们愿与你共同打造世界级大型娱乐项目！

招聘信息发布后，很快就迎来了工作室的校园宣讲会，不出意料，宣讲会当天的会场果然被挤得水泄不通，工作室各个岗位很快就招到了合适实习生。

工作室之所以顺利招聘到了心仪的实习生人才，除了强大的企业实力与发展前景之外，还要归功于该工作室发布的这则令人激情澎湃的招聘文案，点燃了在校大学生对该工作室所发布职位的热情，使得他们纷纷参加工作室的校园宣讲会，愿意以一名实习生的身份加入工作室，并立志与工作室一起创造更多优秀的工作成果。

总体而言，拓展招聘渠道是企业招聘人才的重要途径，广阔的招聘渠道不仅可以提升企业的招聘效率，还能在有限的招聘时间内为企业招揽更多优秀的人才。

当然，合适的招聘渠道只有搭配逻辑清晰、风格鲜明的优质招聘文案才能发挥企业招聘的最佳效果，帮助企业招揽到更多合适的优秀人才，最终促进企业更加长远持续地发展下去。

第3章

审核简历，筛选人才

筛选简历是企业甄选人才的首要环节，面试邀约是打通企业与人才沟通的第一关。

从文字有限的简历中更透彻地了解求职者的信息，成功邀约求职者与企业近距离接触、面对面了解彼此，这些都非常考验企业经营管理者和人力资源管理者识人的能力。接下来，就来了解一下如何高效招聘，成功揽收人才。

3.1 认识简历要素

每一份简历,都是一名求职者的履历概括,简历要素是构成简历的不同内容类型。一份完整的简历一般包括个人信息、求职目标、教育背景、工作经历等基本要素(见图3-1)。

从有限的简历信息中快速了解和判断求职者与企业所招聘岗位是否匹配,需要重点关注和提炼简历信息中的不同要素。下面具体解析简历中的基本要素。

3.1.1 个人信息

个人信息一般是指个人的相貌、姓名、性别、年龄、联系方式等基本信息。不同职位对求职者的个人信息要求不同,不同求职者也会在自己的信息展示方面有所侧重。

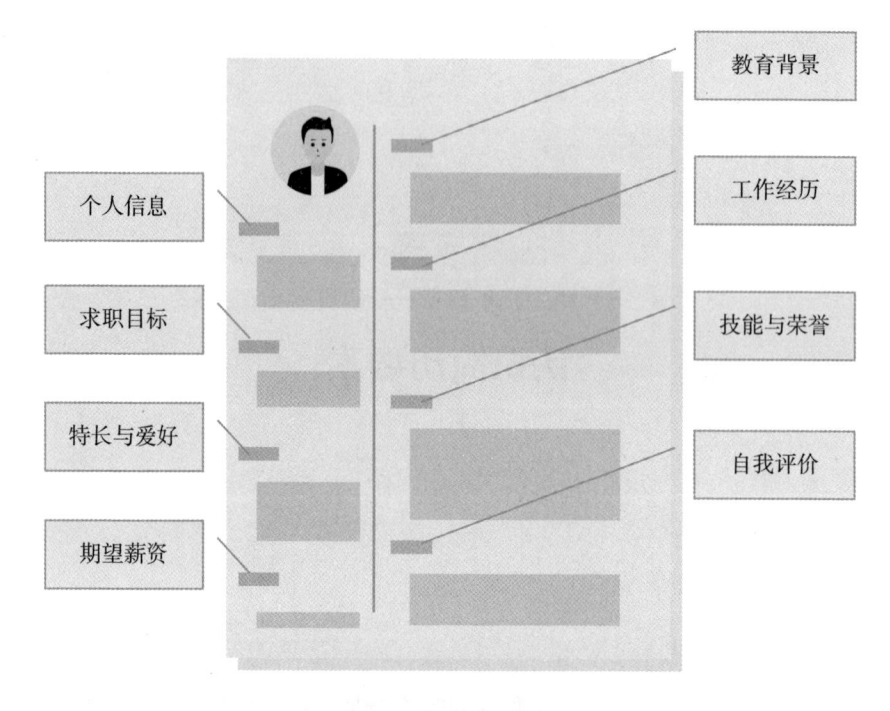

图 3-1 简历基本要素

招聘者通过查看求职者的个人基本信息可以对求职者有大致的了解，一份优秀的简历中，个人信息一般有以下基本内容（见图 3-2）。

姓名　性别　民族
政治面貌　籍贯　出生年月
联系方式（手机号码、电子邮箱、QQ号码等）

图 3-2　简历个人信息基本内容

如果求职者所应聘的职位对身体有特殊要求,细心的求职者往往会添加视力水平、健康状况等相关信息。这些细节信息的展示能够体现求职者的缜密心思和求职诚意。

更重要的是,不同性别、年龄段的人对工作的需求不同、规划不同,这也是招聘者需要重点了解求职者个人信息的原因所在。

3.1.2 求职目标

求职目标是否明确,是判断求职者求职意向是否强烈、是否有自信、是否有职业发展规划意识的重要基础。

如果求职者在简历中对入职的部门、职位有清晰准确的描述,用词积极、自信、坚定,则说明该求职者有强烈的求职意愿,会有较为积极的工作意向和态度。

3.1.3 教育背景

虽然不绝对,但教育背景在很大程度上能反映求职者的学习能力、智力水平、知识积累、专业技能水平、认知水平等。

当求职者拥有与企业发布的应聘职位有直接关系的专业课程学习经历、结业证书等时,说明求职者的个人能力与岗位需求匹配程度较高。

对于身为大学应届毕业生的求职者来说,其工作经历有限,教育背景会成为招聘者评判和预测求职者的个人工作能力的重要基础。

3.1.4　工作经历

工作经历是简历不可或缺的要素。有丰富、高质量工作经历的求职者会选择将工作经历放在比教育背景更靠前的位置，因为这是招聘者非常关注的一部分简历内容。

针对求职者的工作经历，应重点关注以下几点内容。

第一，求职者的工作经历与本企业招聘岗位是否相关。

第二，求职者的转岗经历、各段不同工作经历之间的衔接是否流畅，不同工作经历之间能否看出求职者的某项工作能力成长。

第三，求职者的工作经历是否存在只重视数量而无质量、频繁跳槽的情况。通过工作经历还可以了解求职者对工作的态度。

3.1.5　技能与荣誉

技能与荣誉能侧面反映求职者的个人技能水平、工作能力、领导能力、协作能力等。如果企业拟招聘的岗位对工作人员某项专业技能、工作能力有特殊的要求，应重点关注求职者简历上的"技能与荣誉"相关信息，以此来对求职者的工作能力做出初步的判断。

3.1.6　特长与爱好

从求职者的特长与爱好中，能了解求职者的性格、品质、心态等。如爱好唱歌、跳舞的人一般比较外向、擅长沟通；喜欢书法的人一般比较沉稳、平和；擅长摄影、绘画的人往往具有一定的审美能力；擅长下棋的人往往有大局观和战略意识。

当然，任何事物都有两面性，要客观分析求职者的特长与爱好，如喜欢经常旅游的人身体素质好、对各种环境的适应能力强，但也有可能不适应长期稳定、无挑战性的工作。招聘者应充分考虑求职者特长与爱好所折射出来的个人能力是否与招聘岗位所需求的人才的个人能力匹配。

3.1.7 自我评价

自我评价是求职者自我认知的具体体现，这一部分可以作为招聘者对求职者工作能力、为人处事能力的参考，但不能完全据此判断求职者的各方面素质与能力。求职者的自我评价是否真实、客观，需要结合简历中的其他信息进行综合判断，或者需要在面试接触后给出初步的判断。

3.1.8 期望薪资

从求职者简历中的期望薪资能大致推断求职者对行业、应聘岗位的了解程度。如果求职者期望薪资与实际薪资水平差距过大（超过40%），招聘者要了解清楚其中的原因。求职者的期望薪资与其教育背景、工作经历、个人能力等有着非常密切的关系，对此招聘者要做综合评估。

当然，上述几个要素并不总是单独出现，有些内容会有交叉，如教育背景与在校期间获得的荣誉可能会在一起展示；工作经历也可能会与技能、荣誉的获得一起罗列。招聘者应善于从求职者的简历中寻找有价值的要素，从而对是否进一步邀约求职者参与面试做到心中有数。

慧|眼|识|人

通过简历排版了解求职者

无论是电子简历还是纸质简历，招聘者在浏览求职者的简历时，第一眼看到的是排版，然后才是具体的文字。

从简历的排版风格中能大致了解到求职者的做事风格和个人能力，简单举例说明如下。

简历文字密密麻麻，招聘者真正想了解的信息却没有直观展示，或者简历上的文字加粗字体过多，反而失去提醒注意的目的。说明求职者整理归纳、划分主次的能力不足。

简历过于追求个性，但内容缺失或表述不清，有哗众取宠之嫌。

本企业非外企，但求职者的简历信息中英文参半，说明求职者对应聘企业和应聘职位不了解，求职目标不明确。

3.2 简历筛选要点

简历的科学筛选能为后续面试邀约奠定良好的基础，能真正找到适合企业的后备人才，并为企业的后续发展做好人才资源储备，也有助于为后续招聘工作节省时间、提高效率。

3.2.1 简历筛选分类

浏览求职者提交的简历后进行筛选的过程，也就是招聘者对不同求职者进行分类的过程，具体分类应根据求职者与招聘企业的企业文化、招聘岗位的匹配程度进行划分。

通常情况下，简历筛选大致分为四大类（见图3-3），其中简历所属的求职者的素质与能力与企业招聘岗位所要求的素质与能力相符的情况有三类：一类是可考虑进一步邀约面试；第二类是可纳入企业后备人才信息库；

还有一类是简历所属的求职者的素质与能力与企业招聘岗位所要求的素质与能力不相符，此类求职者的简历可以直接淘汰，无须邀约面试，也不需要存档纳入企业后备人才信息库。

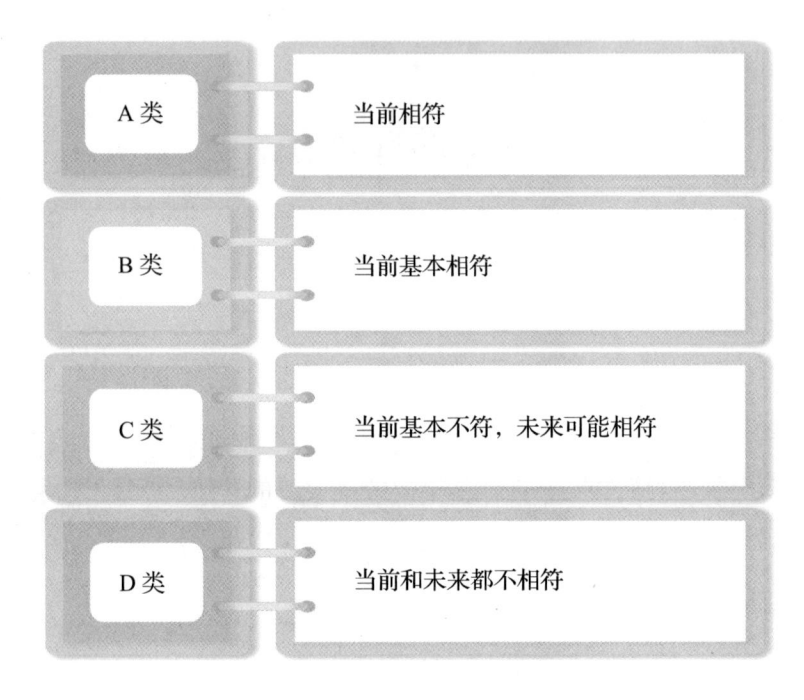

A 类	当前相符
B 类	当前基本相符
C 类	当前基本不符，未来可能相符
D 类	当前和未来都不相符

图 3-3　简历筛选分类

（参考资料：任康磊，《招聘、面试、入职、离职管理实操从入门到精通》，2019）

3.2.2　梳理信息，筛出简历含金量

招聘者在筛选简历时，面对众多候选者，如何快速精准选出"含金量"高的人才呢？这就需要招聘者有针对性地去筛选简历，重点关注以下几方面的内容。

◆ 学校与专业的含金量

在梳理求职者的教育背景时，应该首先关注求职者的学校、专业是否与招聘岗位相关，还要关注学校与专业的含金量。学校、专业均在国内外学校、专业排名靠前，说明求职者能力出众，但有时也存在求职者毕业院校综合排名好但专业综合排名低、求职者毕业院校综合排名低但专业综合排名高的情况。

此外，招聘者还应关注求职者的最高学历是全日制还是在职教育学历，求职者的第一学历和最高学历是否均符合岗位要求。

◆ 职位与能力的含金量

不同国家、不同企业的职位名称不同，招聘者在梳理有工作经验的员工的职位信息时，应考虑其职位与其工作内容所表现出来的能力是否相符，是否职位越高就一定代表求职者的工作能力越强，要始终清楚企业需要的是高职位的求职者还是高能力的求职者。

◆ 职业技能的含金量

一些特殊企业岗位对求职者的职业技能有严格的要求，求职者的职业技能高低将直接影响其是否具备从业资格，是否能胜任岗位职责。

目前，我国对从业资格、职业技能有正规系统的考试与考核，招聘者应认真核验求职者的职业技能证书，对求职者所提供的相关职业技能证书的含金量有清晰的判定。

[招贤纳士]

能力比头衔更重要

  某集团的工程部门近期急需招聘一位技术顾问，委托人力资源部发布招聘信息，很快人力资源部收到了不错的招聘反馈，在众多应聘者中有两位求职者引起了人力资源部主任的注意。其中，A求职者毕业于名牌大学，曾短时间内在两个大型企业任职，均担任项目总监的重要职位；B求职者毕业于某职业技术学院，有相关项目经验，一直是一线的主要技术负责人。

  因时间紧张，人力资源部主任在咨询了集团工程部门的建议后，最终拟定通知B求职者前来应聘，在之后的面试沟通中双方都很满意，最终成功招聘B求职者担任工程技术顾问一职，后续工程也开展顺利。

  在本次招聘中，人力资源部主任并没有盲目陷入"项目总监"的高头衔误区，而更看重"一线工作经验"，事实证明这次简历的筛选和最终招聘结果是成功的。

3.3 简历筛选常见问题

很多招聘者在筛选简历时会受各种因素的影响而错过真正适合企业的人才，这里重点强调以下简历筛选问题，招聘者应格外注意规避（见图3-4）。

图 3-4　简历筛选常见问题

3.3.1 先入为主，错过人才

一些招聘者往往凭个人经验筛选求职者的简历，甚至带着"有色眼镜"去筛选简历，自认为阅人无数、一眼就能看出求职者是否适合招聘岗位而不做进一步的信息梳理和分析。

例如，有些招聘者只笼统地看几行或几条简历信息就急于下结论，更有一些招聘者根据个人喜好筛选简历，如根据求职者的照片以面相识人，根据求职者简历的封面和排版下结论，根据求职者的个人爱好是否与自己相符来筛选简历等，这些做法是非常不专业的，也是对招聘工作不负责任的表现。

3.3.2 盲目轻信，误判人才

一些招聘者在筛选求职者的简历时，会因为筛选时间有限而忽视对求职者简历信息的进一步核实，进而盲目轻信求职者的简历上的所有信息，造成后续的一系列麻烦。筛选简历时应严谨、慎重，对求职者的学历证书、技能证书等关键信息应查证核实，避免弄虚作假的情况出现。

3.3.3 一味追求优秀人才

每一个企业都想招到优秀的人才，但优秀的人才一定适合企业的招聘职位要求和企业当下的发展吗？显然不是。

很多招聘者希望为企业招到优秀的人才，但是没有充分考虑优秀人才与合适人才的区别，也容易忽视优秀人才入职是否会存在"大材小用"的问题，进而导致企业成为优秀人才的跳板，造成最终"为他人做嫁衣"的结局。

优秀的人才有很多，但真正适合企业招聘岗位当前和未来一段时间内发展需求的人才，才是企业招聘真正需要的人才。

3.4 面试邀约前的准备

筛选出合适的简历后,招聘者就需要进行面试邀约了。

企业与求职者之间是双向自由选择,企业在众多求职者中选择与岗位匹配的人员,求职者也在众多企业中选择前景广阔、适合自己发展的企业。面试邀约发送后,一些求职者可能因为各种原因无法前来,作为招聘者要竭尽所能提高面试邀约的成功率,想要做到这一点,就要在面试邀约前做好以下准备工作(见图3-5)。

3.4.1 整理信息

在进行面试邀约前,招聘者需整理好求职者信息,通过简历熟悉求职者的过往工作经历,针对不清楚的地方进行标记,以便在邀约时能够直接向求职者提问。

图 3-5　面试邀约前的准备工作

招聘者如果对求职者的信息比较熟悉，在与求职者进行邀约交流时，交流就会比较顺利，这既体现了招聘者的专业，也让求职者感受到自己受重视，给求职者留下良好的第一印象，为后续的顺利招聘提供基础。

3.4.2　统一答复

在进行面试邀约时，求职者可能会进行一些提问，招聘者如果没有事先准备，回答时出现纰漏，就可能给求职者造成误解或给企业带来不必要的麻烦。因此，针对多数求职者关心的一些问题，招聘者有必要提前备好完备、统一的官方答复。

3.4.3　熟悉交通

企业的所在地决定了求职者通勤的距离，是求职者找工作时考虑的主要因素之一。如果求职者对企业所处位置较为陌生，可能会想当然地认为企业距离很远而放弃面试，因此在邀约前，招聘者要熟悉企业周围的交通环境，如企业附近的地铁、公交以及班车信息等，这样在进行邀约时，可以快速进行路线规划，帮助求职者找到最佳路线，打消求职者的顾虑。

3.4.4　面试计划

企业在邀约时要告知求职者面试时间、面试地点、面试形式等信息，因此在邀约之前，招聘者应先准备好面试计划。

根据招聘岗位和候选者人数的不同，企业通常会安排集中面试或单独面试。如果是集中面试，面试时间和地点都无法改变，但如果是单独面试，则可根据面试官和求职者的时间灵活确定。

3.4.5　沟通渠道

随着互联网的发展，招聘者与求职者之间沟通的渠道更加丰富，邀约方式也更加多样化。

在多种沟通渠道中，传统的电话沟通凭借其方便、快捷的特点依然是常用的邀约方式。具体邀约时，招聘者可以根据企业实际情况灵活使用多种渠道，如先通过电话邀约，再辅以短信、邮件通知（见图3-6）。

第 3 章　审核简历，筛选人才

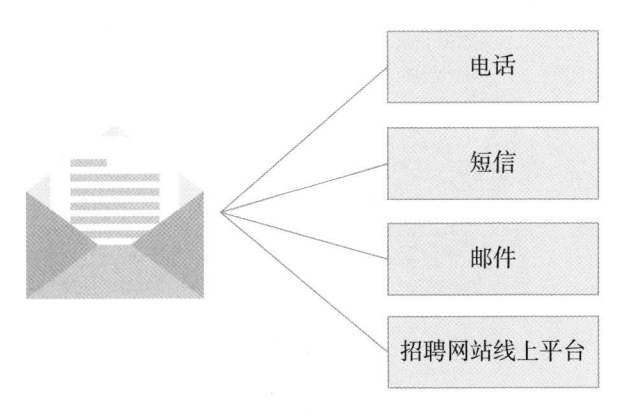

图 3-6　多种沟通渠道

3.4.6　招聘跟踪表

招聘跟踪表用于统计求职者的各项基本信息（如姓名、年龄、工作年限、学历等）、招聘信息（招聘专员、简历来源、应聘部门、应聘岗位等）以及面试信息等（是否参加面试、面试时间、面试官、面试结果等）。

随着招聘的进行，招聘跟踪表逐步得到完善，最终形成一张完整的统计表单，根据该表单可以方便地统计各项信息，便于日后对招聘工作进行统计和分析，如根据跟踪表中的信息可以方便地统计面试邀约成功率，进行面试结果分析等。

慧|眼|识|人

电话面试邀约前需做好心理准备

招聘者在进行电话面试邀约时，通常都能与求职者进行愉快的沟通，但有时也可能遭受求职者的拒绝和质疑，为此，在进行邀约前，

083

招聘者就要做好相应的心理准备。

首先，保持强大的内心，不怕被拒绝。在进行邀约时，被拒绝是很正常的事情，求职者拒绝可能是由于各种各样的原因，而这些原因与招聘者可能毫无关系，因此作为招聘者被拒绝时，无须自责、内心郁闷，可以与求职者继续沟通，了解背后的原因，为以后招聘积累经验。

其次，面对误解时要勇敢表达，耐心解释。一些求职者可能会在沟通时产生误解从而提出质疑，招聘者在面对这种情况时更要勇敢表达自己的想法，同时要进行反省，有时可能是表达不够严谨引起了歧义，才让对方产生误解，这时只要耐心解释，就可以消除对方的质疑。

招聘者在面试邀约前提前做好心理建设，才能从容应对电话邀约时的各种问题。

3.5 面试邀约的流程

企业向求职者发出面试邀约，邀请求职者前来企业面试，前来面试的求职者越多，企业招聘到合适的人才的机会就越大，因此提高面试邀约成功率是招聘到合格人才的基础。

电话、短信、邮件、招聘系统等是常用的与求职者沟通的方式。其中，电话沟通方便、快捷，是进行面试邀约的首选沟通方式。接下来将以电话面试邀约为例，介绍面试邀约的流程。

3.5.1 电话面试邀约的流程

招聘者进行面试邀约的目的只有一个，那就是让求职者前来面试。为了达到这个目的，招聘者要充分利用沟通技能，向求职者介绍企业目前的发展状况以及未来的发展前景，宣传企业各方面的优势，吸引求职者前来面试。

针对不同类型的求职者进行电话面试邀约的流程略有不同，大体分为以下两种。

◆ 主动求职者的电话面试邀约流程

主动求职者是指求职者主动向企业投递简历，这类求职者面试意向相对强烈。针对这类求职者，在进行电话邀约时要注意时间的选择，尽量避开求职者吃饭或者在路上的时间，上午9:30～11:00或者下午14:30～16:00都是不错的时间段，在与求职者通话时可以按照以下流程进行。

首先，要确认对方身份，并自报家门，告知其通话的目的。

其次，正式向对方发出面试邀请。

最后，询问对方是否还有问题，并解答对方提出的相关问题。

具体实施时可参考如下通话话术（见图3-7）。

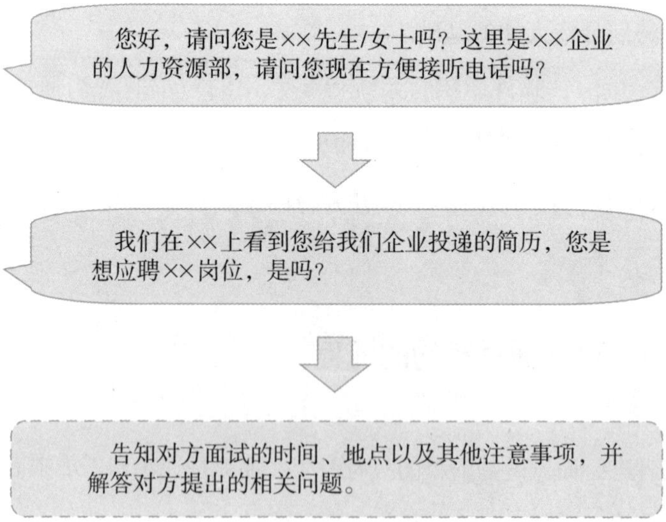

> 您好，请问您是××先生/女士吗？这里是××企业的人力资源部，请问您现在方便接听电话吗？

⬇

> 我们在××上看到您给我们企业投递的简历，您是想应聘××岗位，是吗？

⬇

> 告知对方面试的时间、地点以及其他注意事项，并解答对方提出的相关问题。

图3-7　电话面试邀约的常用话术

◆ 被动求职者的电话面试邀约流程

企业通过搜索或其他方式获得求职者简历，继而邀请求职者前来面试，我们称这类求职者为被动求职者。这类求职者可能对企业不甚了解，在进行沟通时求职者难免会有诸多问题，因此招聘者要预留充足的时间。在时间的选择上，招聘者要尽量避开求职者的工作时间，晚上19:00～21:00是一个不错的选择，这个时间段不会打扰到对方的工作，又可以与对方充分沟通。

如果求职者对企业一无所知，仅仅通过一次电话沟通可能无法直接邀请求职者前来面试，招聘者可以使用电话、邮件等多种方式与求职者建立多次沟通，吸引求职者前来面试，具体可以参考以下流程。

首先，要确认对方身份，并自报家门，告知其通话的目的。

其次，向对方介绍企业、岗位信息等，重点说明企业的闪光点和发展前景，吸引对方，并询问对方是否有意向加入企业，如果对方表示有意向，可以具体约面试时间、地点等。

再次，在通话过程中，如果对方表示需要考虑，则可以与对方再次约定一个将来的时间。此次通话结束后，招聘者还要将企业的详细信息以及招聘信息通过邮件或其他方式发送给对方。

最后，在约定好的时间到来前再次与对方进行电话沟通，询问对方能否前来面试。

3.5.2 电话面试邀约的后续事宜

电话沟通的结束，并不意味着邀约工作的结束，求职者接受面试邀约后，招聘者还要进行以下工作，完成后续事宜。

◆ 通过文字形式发送面试邀请

口头沟通容易出现对方没听清、双方理解存在偏差等问题，因此在电话沟通结束后，还需要通过短信、邮件等文字方式再次发送面试邀请，一来显示企业的诚意，二来明确面试时间、地点等详细信息。短信、邮件等文字面试邀约通常包含以下内容信息（见图3-8）。

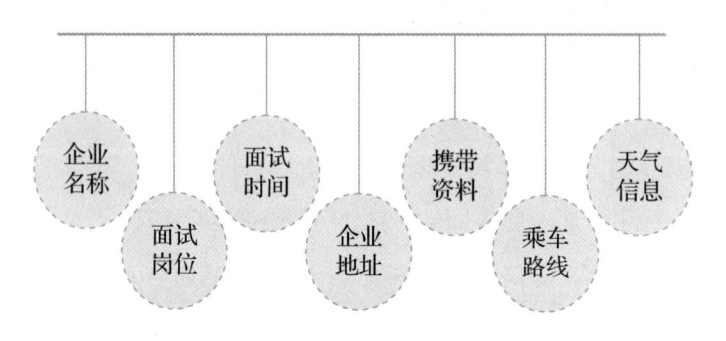

企业名称　面试时间　携带资料　天气信息
面试岗位　企业地址　乘车路线

图 3-8　文字面试邀约的内容信息

招聘者通常都会给在电话中接受面试邀约的求职者发送短信、邮件等。这里需要提醒的是，对于在电话中拒绝面试邀约的求职者，招聘者也可向其发送文字邀约，这样做一来显示企业对求职者的重视，二来求职者可能在电话沟通后改变主意。如果仅仅多发送一封邮件就能多争取一名求职者前来面试，招聘者何乐而不为呢？

◆ 添加求职者的微信

如今，微信是人们常常使用的社交工具之一，添加求职者的微信，不仅可以方便与求职者进行沟通，还能保持日后长久的联系。一些求职者可能因为距离或者其他原因没能入职本企业，招聘者仍可以不定时地向其推送招聘信息，或许还可促成将来的合作。

◆ 整理简历以及相关资料

在完成电话邀约后，招聘者就要为下一步面试做准备，因此，结束通话后，招聘者需将参加面试的求职者的简历以及相关资料进行整理，并汇总到招聘跟踪表，以备面试时使用。

在进行电话面试邀约时，求职者可能咨询过一些问题，针对求职者关注的问题，招聘者需将其一并汇总到招聘跟踪表中，并与用人部门进行相应的沟通。

◆ 对面试邀约进行分析总结

求职者可能因为各种各样的原因拒绝面试，招聘者在电话邀约结束后要对这些原因进行分析总结，从中可能发现企业存在的问题。例如，如果相当一部分求职者是因为薪酬福利待遇低而拒绝前来面试，则说明企业的薪酬在市场上没有竞争力，需对员工的薪酬进行调整。

3.6 面试邀约的技巧

在进行面试邀约的过程中可能面临各种各样的问题，掌握面试邀约的技巧能够让招聘者提高面试邀约成功率，顺利推进招聘进程。

3.6.1 给求职者留下良好的第一印象

第一印象至关重要，良好的第一印象是求职者决定参加面试的基础和动力。招聘者在进行面试邀约时需注意以下事项，力求给求职者留下良好的第一印象。

◆ 通话时保持礼貌

招聘者代表了企业形象，在进行电话面试邀约时招聘者要时刻注意保持礼貌，多使用礼貌用语，语气要轻松自然，让人感到亲切。在与求职者沟通的过程中，要注意对方的需求，不能只顾自己说个不停。

◆ 美化企业名称

知名企业为大家所熟知，自报家门时无需对企业名称进行美化。但对于一些不知名的小企业，求职者可能并不熟悉或者根本没有听说过，如果直接介绍企业名称，可能无法引起求职者的注意，这时就可以对企业名称进行适当的美化，以给对方留下深刻印象。如一些知名集团旗下的子公司在自报家门时可以说 ×× 集团旗下的 ×× 企业。

◆ 修改对方称呼

在称呼对方时，如果知道对方当前的职位，则以当前职位称呼对方，而不是直呼对方姓名，如 ×× 经理。这样能够让对方感受到尊重，尤其对于一些职位较高的岗位更是如此。

3.6.2 维护沟通渠道

◆ 采用多种沟通方式

招聘者在进行面试邀约后，最好与求职者建立多种沟通方式，以便求职者有任何问题时能够方便地与招聘者进行沟通。需要注意的是，虽然邀约时通常采用电话与邮件的方式，但是如果招聘者使用的是企业座机电话，而邮件中又没有留下分机号或者招聘者的手机号，则求职者在遇到问题时还是很难联系到企业。因此，招聘者在发送邮件时最好留下手机号或者微信号，方便与对方进行实时沟通。

◆ 提高互动频率

招聘者代表企业向求职者发出面试邀请，如果求职者因故无法进行面试，招聘者也不要直接放弃，了解其背后的原因和困难，并主动帮其解决，这个过程可能不是一次通话就能解决的，招聘者可以提高与求职者之间的互动频率，让求职者感受到招聘者的真诚，从而增加求职者前来面试的概率。

3.6.3 巧用封闭式提问

在与求职者进行沟通时，招聘者常常需要就面试时间等与求职者进行协商，这时采用封闭式提问既可以让求职者有所选择，也能避免求职者自行选择不合适的时间。例如，我们可以使用封闭式提问"您看您是本周四下午来面试还是周五下午来面试呢？"而不是直接询问"您什么时间有空？"。

第4章

人才测评，选拔人才

人力资源是现代企业发展最重要的资源，想要合理地运用这种资源，首先要做到的就是知人善任。而人才测评在人力资源的运用中发挥着重要的作用，甚至贯穿整个人力资源管理的全过程。

4.1

为什么要进行人才测评

现代社会中,许多企业在招聘时,往往会注明一些硬性条件,例如需要某类证书或者对学历有着具体的要求等。而这种硬性条件下选拔出来的人才,很可能不能满足企业的真正需求。学历和证书大多只能展示人才的某个方面,但应聘者的个人品质、工作能力以及语言表达等方面并不能完全通过这些硬性条件来体现。因此,便需要针对企业岗位要求以及个人能力水平进行综合测评。

4.1.1 什么是人才测评

人才测评是一种科学选拔人才的方法,是通过运用心理测量学、应用统计学、组织行为学以及人力资源管理学等学科相关知识,对应聘者的个人能力、性格特点、职业规划等方面进行评估。人才测评为企业招聘、技术培训、雇佣关系等人力资源管理职能提供了重要的技术手段，是有效提升企业人力资源管理水平的方法。

很多企业结合招聘岗位需求和企业文化对应聘者进行综合人才测评，通过这种方式所选拔出来的人才，更能适合企业和岗位的需要。

人才测评不仅对企业有益，也有利于个人择业。应聘者通过企业的人才测评，准确地发现自己的职业倾向，避免盲目选择不适合自己的职业，也帮助应聘者制订后续的职业规划，规避不合适的应聘风险。

人力资源管理者可以通过应聘者的一般社会行为来对其进行判断，从而推断出应聘者的素质水平等信息。由于人才测评的时间有限，人力资源管理者往往不能掌握应聘者的所有信息。因此，在进行人才测评时，只能通过应聘者的某些具有代表性的活动进行测评。但这种情况，往往会导致测评加入了主观判断，因此招聘者要尽可能客观地处理测评结果，不能夹杂过多的个人情感。

4.1.2 人才测评的作用

人才测评对于企业而言是十分重要的人力资源管理方式，具体而言，企业采用人才测评法去选拔人才，对外可以避免无效的外部招聘，对内可以合理地规划内部岗位，进行相关人员配置，可谓是一举两得（见图4-1）。

◆ 避免无效的外部招聘

企业在对外招聘人才时，通常会耗费大量的人力、物力和财力，因此为了能够快速有效地招聘到合适的人才，人才测评必不可少。通过人才测评管理，可以有效地降低外部招聘时招到不合适的人员对企业招聘成本的浪费。

图 4-1　人才测评的作用

◆ 合理地规划内部岗位

人才测评对于企业内部的职位管理也起到了一定的辅助作用。企业的管理人员选拔通常是人力资源管理的难点，管理人员一般是通过内部人员的提升来选拔的，而如何选拔就需要用到人才测评。通过对内部人员的个人工作能力、管理能力、人际交往能力以及经验水平等方面的综合测评，可以选拔出合适的管理人员。通过人才测评的方法，企业可以真正实现合理的人岗匹配，尽可能地将合适的人安排至适合的岗位。

总体而言，人才测评对现代企业的人力资源管理十分重要。通过合适的人才测评方法，结合企业的岗位要求，能够快速锁定需要的人才，有效地降低人力资源成本，合理地规划人员配置。

[招贤纳士]

人才测评，让招聘更顺畅

　　A公司领导最近十分苦恼，公司负责编程的技术人员C先生离职了。而他离职其实是因为他不能适应这份工作，也无法融入公司的企业文化和工作氛围。一开始招聘该岗位时，A公司为了能够更快地选拔出人才，选择了由技术部门的经理直接面试的方式。技术经理在招聘过程中与作为应聘者的C先生聊得十分顺畅，便轻易地敲定了人选。但后来才发现，C先生并不适合这个岗位。

　　为了招揽更合适的人才，公司人力资源部开始派遣经验丰富的人事专员与技术部门经理一同进行招聘。由技术经理考察应聘者的专业技能，而人事专员负责测评应聘者其他的素质能力。人事专员制作了一份合理的测评试卷，通过分析每个应聘者的答案，再配合结构化面试，最终认为B先生为最合适的人选。经过一段时间的考核，公司发现B先生十分适合这个岗位，他也凭借优异的表现很快转正。

4.2 人的本质与人才素质模型

随着市场竞争日趋激烈,传统的人才管理模式已经不适用于现在的企业,很多企业开始渐渐转变人力资源管理的方向,尝试创建人才素质模型,并利用这一新型人才资源管理工具去为企业识别、招揽更多优秀人才。

而马斯洛需求层次理论和安东尼罗宾的人类六大需求理论等经典理论揭示了人的本质,为人才素质模型的创建提供了理论依据。

4.2.1 经典理论揭示人的本质

在招聘过程中,运用马斯洛需求层次理论和安东尼罗宾的人类六大需求理论等经典理论能帮助企业方精准锁定人才的需求,创建人才素质模型,促进招聘的有效性。

◆ 马斯洛需求层次理论

作为人本主义科学的著名理论之一，马斯洛需求层次理论由低至高精准归纳了人的需求（见图4-2）。在马斯洛看来，一旦人的低层次需求得到满足，目光便会不自觉地转向高层次的需求，这时候，高层次需求（尊重需求、自我实现的需求）所能带来的激励效果将远远大于低层次需求（生理需求、安全需求、社交需求）。

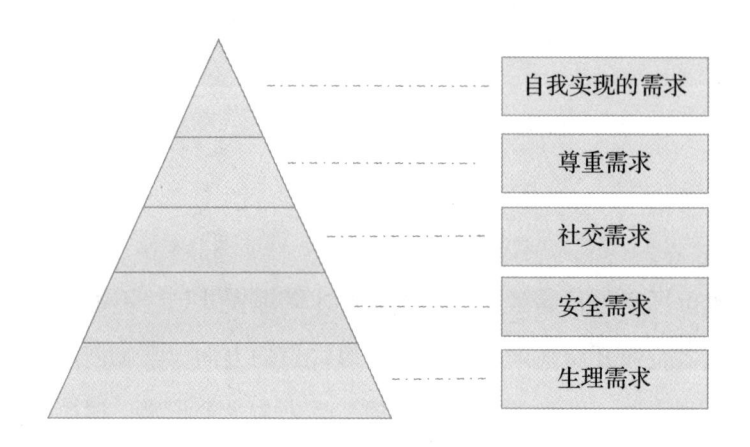

图4-2 马斯洛需求层次理论

在企业招聘过程中，可结合马斯洛需求层次理论去探索应聘者真正的需求、诉求，并与其进行合理的协商，这能有效提升企业招聘的成功率。

◆ 安东尼罗宾的人类六大需求

安东尼罗宾的人类六大需求理论将人的需求分别总结为：由确定性所带来的安稳感、安全感；由不确定性带来的新鲜感；重要性/价值感；社会关系的连接与爱；点滴的进步、成长；分享/贡献（见图4-3）。

- 由确定性所带来的安稳感、安全感
- 由不确定性所带来的新鲜感
- 重要性/价值感
- 社会关系的连接与爱
- 点滴的进步、成长
- 分享/贡献

图 4-3 安东尼罗宾的人类六大需求

安东尼罗宾的人类六大需求理论强调人的需求是人终其一生孜孜不倦地向前发展的动机，企业招聘人员可利用这一理论去分析人才的不同需求，创建人才素质模型。

另外，企业招聘人员还可尝试着将安东尼罗宾的人类六大需求理论应用于招聘中，提高应聘者的入职意愿。关于六大需求的解释如下：

由确定性所带来的安稳感、安全感：人对已经确定下来的事才会感到有信心、有希望、有安全感。比如说，在应聘过程中，招聘人员应与应聘者明确具体的薪资数额、福利待遇等，给予其入职的安全感。

由不确定性所带来的新鲜感：不确定性、变化会给人一种新鲜感、刺激感。在招聘过程中，招聘人员可与应聘者描述岗位的晋升前景和公司对入职员工的培训开发计划，激发其入职的动力与兴趣。

重要性/价值感：每个人都希望发挥自己的重要性，获得一定的价值感。在招聘过程中，招聘人员可适当介绍岗位职责、突出岗位重要性，同时肯定应聘者的某项或某几项优势，加强应聘者的入职意愿。

社会关系的连接与爱：人与人之间需要保持一定的连接，更需要获得源源不断的爱去滋养心灵。在招聘过程中，招聘人员可着重强调企业员工之间的和谐氛围，给应聘者留下更好的印象。

点滴的进步、成长：不断学习、成长、完善自身才能带给个体长久的满足感和愉悦感。在招聘过程中，招聘人员可特别介绍企业以往为员工所提供的职业生涯规划和新员工培训计划，令应聘者感受到企业方的诚意。

分享/贡献：坦荡的分享和无私的贡献能带给人更多的精神享受。在招聘过程中，招聘人员可着重强调互帮互助、团结友爱的企业文化，增强应聘者的入职意愿。

4.2.2　什么是人才素质模型

在了解人才素质模型之前，先来认识一下"素质"的概念。素质（competency），也可称为胜任素质，是人在完成特定工作时需要具备的基本条件和能力，主要与工作绩效和行为有关。素质一般包括心理素质、品德素质、能力素质、文化素质和身体素质，这些素质可以相互结合和互相影响，共同影响着人才的工作能力和表现。

了解了素质的概念，便不难理解什么是人才素质模型。人才素质模型其实是指与特定工作相匹配的、与高绩效行为相关的一系列素质组合，这些素质可以以各种量化的方式对应聘者进行评估和测量。这种人才素质模型是现代企业最常用的测评人才的方式，因为这种方式可进行综合判断，并且可以针对不同的岗位和不同类型的人员进行评测。另外，随着企业发展方向的变化，对人才素质的要求也会有所不同，这时候企业所采取的人才素质模型中的素质组合也可相应发生变化，测量的方式也会随之变化。

在企业常用的人才素质模型中，冰山模型极为经典。冰山模型由美国心理学家麦克利兰于1973年提出，其可作为对个人素质表现的一种生动阐释（见图4-4）。该模型将人的素质分为外在和内在两部分，其中，外在素质，即"冰山以上的部分"包括一个人的知识能力和专业技能，比如一个人在特定区域内所获取的信息和习得的职业技巧等。这部分技能容易测量与培养。

内在素质，即"冰山以下的部分"包括个体的社会角色（建立在价值观基础上的行为态度、行事风格）、特质（个性品质，包括气质、智商、情商等）和动机（成就动机等，是一个人行动的内在驱动力）等。

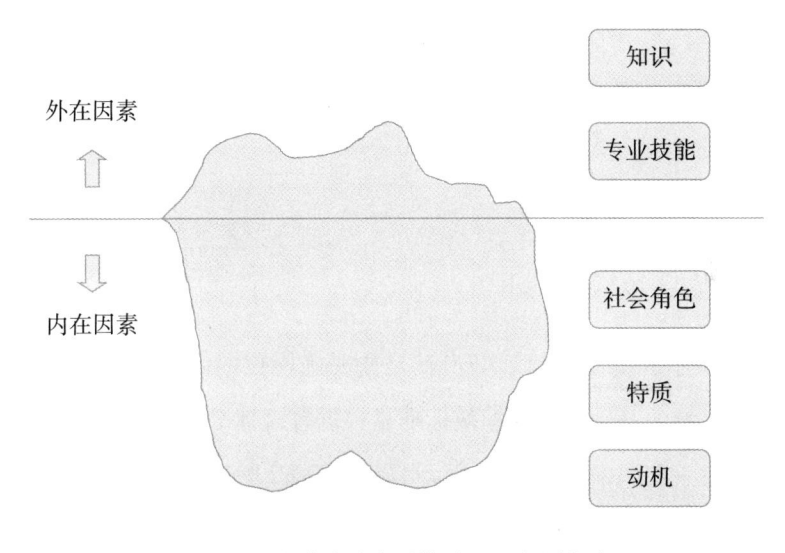

图 4-4 经典人才素质模型——冰山模型

4.2.3 如何构建人才素质模型

人才素质模型一般是企业根据自身的岗位需要，在企业发展攻略的指引下，通过对样本进行采集和分析而逐步建立起来的。

那么，如何构建人才素质模型呢？其大致步骤包括明确岗位绩效标准、选取样本收集数据、整理分析数据建立素质模型等（见图4-5）。

图4-5 构建人才素质模型的步骤

◆ 明确岗位绩效标准

建立人才素质模型的第一步就是要明确岗位的绩效标准，这是建立人才素质模型的基础。因为绩效标准是根据客观标准来制定的，比如销售额、成交量、利润率等，这些指标可以明确地反映应聘者的工作能力，有了具体的指标数额，就可以对应聘者的工作表现进行量化分析。除此之外，还需要制定其他的软指标，比如行为特征、工作态度以及来自他人的评价等。这些指标可以根据企业的岗位需要而定，也就是说，不同的岗位可设定不同的标准。

◆ 选取样本，收集数据

根据所制定的绩效标准以及企业自身的需求，在企业内部选取两组样本，并收集相关的数据信息。具体做法是先选择一组绩效优秀的员工作为样本一，另选择一组绩效一般的员工作为样本二，然后通过行为时间访谈法、专家小组法、问卷调查法等，收集这两组人员与人才素质相关的信息和资料。

◆ 整理分析数据，创建素质模型

通过整理两组样本的特征信息，对这些特征进行归类汇总，分析样本一和样本二工作时的不同行为、表现。根据这些行为、表现对该岗位所产生的影响，设置每个特征的权重分数，然后确定每个人素质特征的等级，对这些等级的详细表现进行描述。最后，确定每一等级的计分方式，从而形成一个完整的人才素质模型。

4.2.4 人才素质模型在企业中的应用

人才素质模型在企业中的应用范围十分广泛，一般可以用于分析应聘者的工作能力，也可以用于选拔和招聘合适的人才，或是用于对人才进行适合的培训和开发，还可以用于新员工后续工作跟进与反馈（见图4-6）。

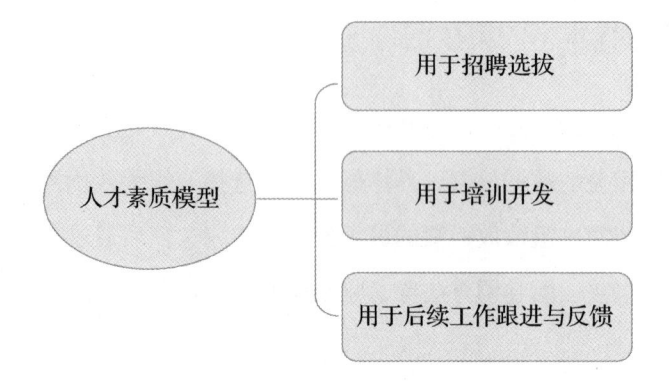

图 4-6　人才素质模型在企业中的应用

◆ 用于招聘选拔

　　人才素质模型是基于企业的岗位绩效标准所建立的，包含了可测量的知识、技能、职业素养等各种指标和信息，适用于企业招聘、选拔人才。

　　将人才素质模型用于企业招聘过程中的时候，其不仅可用于衡量应聘者的工作能力、关键特征是否符合招聘岗位要求，更重要的是，运用人才素质模型还可以对应聘者潜在的素质特征进行考察，而这些潜在的素质在一般性的招聘和选拔中，是很难通过量化的指标来体现的。

　　正因如此，根据人才素质模型选拔出来的人才更加符合企业的要求，从而避免发生招聘失误。

◆ 用于培训开发

　　当应聘者通过种种考核顺利入职后，企业还可运用人才素质模型对新员工进行合理的培训和开发，从而有效提升新员工的素质。

　　具体而言，人才素质模型可以针对新员工的工作表现，分析其与岗位需要的差距，确定培训重点，迅速提升新员工的工作能力。

◆ 用于后续工作跟进与反馈

企业还可将人才素质模型用于新员工后续工作的跟进与反馈，即根据新员工转正后的工作表现，对比人才素质模型中的相关指标、信息去分析和考察其工作能力、进步程度、优势及不足之处等，帮助新员工逐步强化优势、补足缺陷，逐渐成长为更具有竞争力的人才。

4.3 人才测评指标的建立

人才测评指标是企业进行人才测评的重要依据,一般而言,这些指标越是丰富、具体、可量化,便越能帮助企业准确地识别人才、评估人才。

4.3.1 什么是人才测评指标

人才测评指标主要是用于准确反映应聘者在某方面的特征属性,一般可分为素质指标、能力指标和绩效指标三类(见图4-7)。这三类指标可以全面反映应聘者的综合素质与能力,帮助企业更好地了解和选拔人才。

素质指标包括身体素质、心理素质和文化素质,主要用于了解应聘者的健康情况、精神状态和知识水平。不同的职业要求的素质指标不同,侧重方向也不一样。因此,企业会根据自身的需要,设置对应聘者的测评权重,使得人才测评与企业发展能够更好地匹配。

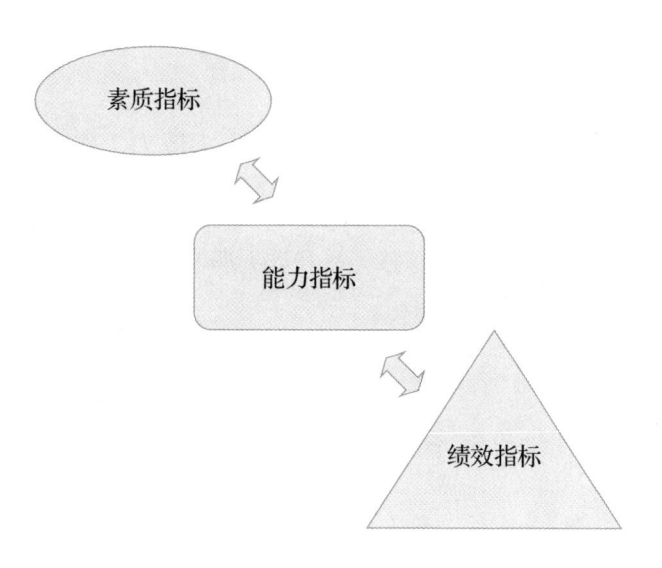

图 4-7　人才测评指标的分类

能力指标包括一般能力和专业能力。一般能力主要是指应聘者在日常工作中所具备的基本能力，如沟通能力、协作能力等。专业能力是指应聘者针对某岗位的特定能力，如程序员需要的计算机操作能力，电力工人需要的接线能力等。企业可根据自身的岗位要求，设置不同的能力测评方式。

绩效指标是指应聘者在工作岗位上所创造的成绩，通过量化的方式，体现出应聘者在工作时取得的成效。一般表现为应聘者入职后在工作岗位上完成的任务数量、质量和效率等，比如销售业绩、利润率等。

4.3.2　人才测评指标的构建

人才测评指标体系的构建需要遵循一定的流程，一般需要经过分析工作岗位要求、构建指标体系以及验证、修正等过程，才能构建一个完整的人才测评指标体系。

◆ 分析工作岗位要求

在构建人才测评指标体系时，首先要做的就是对工作岗位进行剖析。具体来讲，需要充分了解某工作岗位所需要的基本要求是什么，明确该工作岗位上的人员具体需要做什么。只有详细地分析工作岗位，明确要求，才能制定出合理的人才测评指标。

◆ 构建测评指标体系

进行工作岗位分析后，专业人员便可以根据需要选择要测评的指标类型，将这些指标归类总结，便可以构成人才测评指标体系的雏形。而在此雏形的基础上，还要分析总结和调查论证，对测评指标设置相应的权重分值，从而突出重点，避免出现测评失误。

◆ 修订、完善指标体系

构建了测评指标体系后，就要进行验证，以便发现问题，对指标体系进行修订。可以先在小范围内选取样本进行检验，收集数据，整理样本信息，并分析结果。随后对制定的人才测评指标体系进行修正，增减指标，使其更加合理。

4.3.3 构建人才测评指标体系的基本方法

人才测评指标体系的构建方法有很多种，较为常用的有工作分析法、个案研究法、问卷调查法等（见图4-8）。

图 4-8 构建人才测评指标体系的基本方法

◆ 工作分析法

工作分析法是指专业人员通过对工作岗位进行全面的分析，总结出相应的测评指标。工作分析法主要侧重于工作岗位的基本情况，以及人员需要掌握的基本技能和基本职责。专业人员通过对这些内容进行深入的了解，采集相关的信息，从而制定出适合该岗位的测评指标，构建合理的测评指标体系。

◆ 个案研究法

个案研究法是专业人员通过对个体的跟踪分析，找出个体的突出特征和一般特征，并进行归纳总结，选择出适合整体的测评指标。由于目标任务或目标案例的突出特征较为明显，一般特征较难总结，因此在使用个案研究法时，测评人员一定要尽可能地进行客观分析，不可主观臆断。

◆ 问卷调查法

问卷调查法是一种较为简便的方法，专业人员将问题总结成问卷的形式，请被调查者根据个人经验和知识水平作答。专业人员可以通过分析被调查者的答案，总结出合适的测评指标。这种方式清晰明了，简单方便。但需要注意，在编写调查问卷时，重点要突出，内容要全面且容易理解，以免因为问题晦涩难懂而影响调查问卷的答案质量。

4.4 常见的人才测评工具

目前,专家学者针对企业的需求,制定出了各式各样的人才测评工具。这些工具有的是针对人才性格特征的,有些是针对应聘者心理和精神状态的。通过这些测评工具,企业可以快速地掌握应聘者的能力水平和性格特征,更好地选拔和招聘人才。

现有的测评工具大致可分为能力测评工具以及性格特征测评工具及其他测评工具(见图4-9)。通过运用这些工具,企业可以全方面了解人才的能力和特征。

图 4-9 常用的人才测评工具

4.4.1 能力测评工具

通过能力测评工具，企业可以摸清应聘者大致的能力水平，可帮助企业更好地进行人员规划。

◆ 瑞文推理测验

瑞文推理测验是一种非文字的智力测验。这种测验简单灵活，既可以用于个人也可用于团队。主要通过辨识图形等方式，考察人的智力、记忆、推理、辨别等能力，是一种常用的智力测验。

◆ 管理能力测验

管理能力测验是一种调查问卷式测评。根据企业具体情况设置能力考核要素，如决策能力、组织协调能力、分析判断能力等，再根据各考核要素设置相应的问题，通过分析被调查者的答案，考察被调查者的管理能力。

4.4.2 性格测评工具

通过性格测评工具，企业可以更好地了解应聘者的性格特点，也可以更好地掌握应聘者的职业倾向。

◆ 卡特尔16种人格因素测验

卡特尔16种人格因素测验是一种用于性格测评的工具，这种工具是目前面试中使用较为广泛的一类工具。美国心理学专家卡特尔将人的个性分为 16 种，通过问卷测试的方式，可将被测评人员划定为其中一种。这种工具主要用于对人的性格特质进行测评和界定。

◆ KENNO 投射测验

KENNO 投射测验是让被测评人员在一定时间内将给定的图片按照自己的行为风格和意愿填充完整。这种测验简单易行，主要反映被测评人员的行为风格和心理情况。

◆ 艾森克个性测验

艾森克个性测验是一种调查问卷式的测评工具。根据英国心理学家艾森克的人格理论编制而成，主要用于测评人们的个性特征，一般将人的个性分为外倾型和内倾型。

4.4.3 其他测评工具

其他测评工具包括 MBTI 测评法[①]、通用人才选拔测评等，能够帮助企业综合地了解应聘者，更好地选拔和招聘人才。

拿通用人才选拔测评来说，它是一种自我陈述式的量表，根据美国心理学家高夫的"加利福尼亚心理调查表"编制而成，主要用于对应聘者的职业倾向和发展潜力进行测评，也是目前使用较为广泛，且较为准确的一

---

① MBTI 测评法是一种人格类型的测试方法。

种工具。

不管是什么类型的测评工具，大多是基于人的一般心理特征而制定的，企业想要更好地选拔人才，必须将其与企业的发展规划和岗位的需求相结合，个性化定制适合自身的测评工具。当然，选拔人才并不只是通过简单的测评工具就可以一劳永逸，还是要从心态素质和内在品质等各方面去全面衡量。

慧|眼|识|人

如何选择人才测评工具

人才测评工具有很多，如何选择人才测评工具，就需要进行多方面的考虑了。通常情况下，企业可以根据以下几点来选择测评工具。

第一，根据岗位的专业需要选择测评工具。

选择人才测评工具须参考岗位的专业需要，例如有些技术型岗位就没有必要选择考察应聘者表达交流能力的测评工具，大多数技术型岗位更偏向技术研究，考察表达沟通能力与岗位需求不相符。而且大多数从事某一岗位的人才，都具有相似性，比如技术岗位的人才可能不善于表达，销售岗位的人才不习惯循规蹈矩。因此，在选择测评工具时，一定要考虑该岗位的需求和特点。

第二，根据测评的适用范围选择测评工具。

不同的测评工具考察不同的方面，性格测评工具用于测评人才的个性特征，能力测评工具倾向于测评人才的专业素质。在选择测评工具的时候，应该根据测评工具的适用范围，再结合企业的需要进行修订和更改。

第三，根据应聘者的实际能力选择测评工具。

企业中应聘者的能力有所不同，选择测评工具时要考虑应聘者的实际情况。比如，如果企业内的应聘者大部分教育程度不高，而选择的测评方式过于复杂，应聘者很难作答，那么就会导致测评结果不准确。

4.5

不同人才的素质测评

人才的素质测评主要是针对应聘者的素质能力进行测评，每个招聘岗位所需要的人才不同，所需要的素质测评方式就不同，这体现了企业人才招聘的精细化，能帮助企业更顺利地识别、招揽合适、优秀的人才。

4.5.1 素质测评方式有哪些

不同类型的人才也需要应用不同的测评方式。一般来说，素质测评方式可分为笔试测评、面试测评和评价中心测评等（见图4-10）。

◆ 笔试测评

笔试测评是一种十分基础的测评方式，主要是用于测评应聘者的基本能力。笔试测评的内容比较灵活，企业可以根据自己的需要给应聘者出题，从而考察应聘者是否具有企业所需要的能力。

图 4-10　素质测评方式的分类

笔试测评的题型也十分广泛，一般有选择题、判断题、问答题等。通过不同的题型，企业可以全方位地考察应聘者的能力。一般来说，客观题主要适用于考察人员对知识的掌握和理解，覆盖的知识面较为广泛，考察的知识点也较为细致。而主观题则侧重考察应聘者的运用和分析能力，也侧面考察了人员的语言表达和组织能力。每种题型考察的方式不同，考察的内容也不同。通过多种题型的交替考察，能够客观真实地反映应聘者的素质能力。

笔试测评的优点主要在于客观、公平，虽然能够考察应试者对知识的理解和掌握能力，但是不足以体现其真实的应用能力。

◆ 面试测评

面试测评是一种应用灵活、方式多变的测评，主要是通过主考官与应聘者之间的交流和沟通，来判断应聘者是否满足该岗位的要求。面试测评对应试者的要求更加严格，考察的范围也更加广泛。

面试测评方式是大多数企业选拔和招聘人才时使用的主要方式，因为这种测评方式可以帮助企业更加综合地了解应聘者。主考官与应试者之间面对面的沟通和观察，能够充分地体现出应试者的分析能力、语言表达能力以及应变能力等。

面试可分为结构化面试和非结构化面试，非结构化面试是一种较为"随意"的面试，大多是通过简单的询问来判断应聘者的能力，这种方式对主考官的要求较高，否则很难直接对应聘者做出判断。而结构化面试是现代大多数企业使用的测评方式，结构化面试也就是指主考官向应试者提出预先设置好的题目，来了解应试者的素质能力。这些题目大都是根据企业的需求和岗位的要求设置出来的具有针对性的问题。而且多个应试者回答同一套问题，企业可以对其进行横向的对比，更加公正合理。结构化面试的题目范围也更加广泛，可涉及专业能力、学习经历、工作经验、语言表达、社会行为能力、逻辑推理能力等。

◆ 评价中心测评

评价中心测评是一种综合性的测评方法，将笔试和面试相结合，主要通过情景模拟的方式考察应聘者的综合素质。

评价中心测评方式已经是现在很多企业在选拔人才时都会运用的一种素质测评方式，这种情景模拟能够更好地突出人才的知识运用能力、随机应变能力以及语言表达和事件处理能力。通过观察应聘者在特定环境下的行为表现以及工作绩效，可以了解其全面的素质能力。

评价中心测评的形式包括公文处理、无领导小组讨论、角色扮演、案例分析等，可以是笔试方式，也可以是笔试和面试相结合的方式。情景模拟的考察方式不仅是针对工作能力，也是对人才的心理素质和实际处理问题的能力进行评价。对于实际事件的处理可以更准确地反映出人才的素质能力，比简单的自我陈述更加具有针对性。

但这种情景模拟的考察方式也有一定的局限性，这种方式对于测评者的要求很高，如果测评者的综合素质有所欠缺，就很容易导致测评失误、招聘失败。

4.5.2 测评方式在不同人才中的应用

不同的岗位对人才的要求不同，所需要的人才类型也就不同。测评人员应该充分掌握素质测评不同的侧重点，将其更好地运用于招聘过程中。

一般来说，对于需要交流和沟通的岗位，例如销售、营销、管理等方面的职位，面试无疑是最为合适的测评方式。面试也主要适用于社交能力强的人才，测评者可以通过面试的方式来判断应聘者是否符合岗位的需求。

对于大多数需要专业技术的岗位，如计算机、科技研究等方面的岗位，常运用笔试或现场操作的方式来进行能力测评。对于专业技术能力较强的人才来说，笔试或现场实操是更能体现其能力的测评方式。

对于对管理或者组织能力要求较高的职位，评价中心测评是更为合适的测评方式。可以通过情景模拟、组织沟通来判断应聘者是否具有组织或者管理方面的能力及应聘者是否适合该岗位。

4.6

合适的才是最好的，人岗匹配测评

企业中，不同的岗位有着不同的职责要求，因此，企业在选拔人才时应该充分考虑到人岗匹配这一原则性要求。想要达到人岗匹配，就需要运用各种测评方法来考察应聘者的知识、能力、个性和职业倾向。通过这些测评方式，能够帮助企业有效地甄选应聘者，提高人岗匹配度。

人岗匹配测评的步骤大致介绍如下。

首先，明确岗位要求。想要将合适的人才安排到合适的工作岗位上，提高人岗匹配率，招聘者要将招聘岗位的岗位性质、职责范围等了解清楚，之后才能胸有成竹、有条不紊地进行接下来的招聘工作。

其次，做好岗位胜任力测评。通过笔试、面试及上文介绍的其他人才测评工具对应聘者的综合素质、能力进行测评。除此之外，还需对应聘者的职业兴趣进行测评。

职业兴趣是十分重要的工作动力，应聘者如果对于自己的工作毫无兴趣，即使能力再强，也很难在该岗位上有所建树。因此，想要达到人岗匹配的要求，应同时对应聘者进行职业能力和职业兴趣测评。

职业兴趣测评的方式除了应聘者的自我陈述以外，还可以通过行为观察和知识测验等方式进行。现代企业大多数会采用一种兴趣测验的方式，也就是通过一些职业兴趣的测试题来分析应聘者的职业兴趣和倾向。

一般来说，大多数企业会选用根据美国心理学家霍兰德的职业兴趣理论编制的测试题。这些测验将职业兴趣划分为六种类型，包括现实型、研究型、艺术型、社会型、企业型以及常规型。通过对应聘者的职业兴趣进行测评，企业可以快速地确认该应聘者是否适合该岗位。

最后，统计应聘者能力测评和兴趣测评的结果，提取、分析关键性信息，得出岗位适配结果，并根据这一结果决定应聘者的任用情况。

第5章

深入面试，考察人才

面试是选拔人才过程中极为关键的步骤，也是十分重要的考察方式。面试成绩的好坏直接关系到人才聘用的成功与否，因此企业必须要重视人才面试。

企业想要在面试过程中全方面地了解应聘者的基本素质，就需要做好前期准备工作，掌握面试的基本流程和技巧，与应聘者进行充分的沟通。

5.1 面试的准备工作

面试作为人才聘用过程中十分重要的程序，需要多部门的共同配合。想要面试过程流畅高效，前期的准备工作是必不可少的。相关人员应尽可能地做好面试前的准备工作，以免在面试过程中出现疏漏，导致招聘失败。

面试前的准备工作包括选择合适的面试官、选择合适的面试方式、设置面试中的问题等（见图 5-1）。

图 5-1　企业面试前的准备工作

5.1.1　选择合适的面试官

面试官自身水平直接影响面试的质量和招聘的结果。具体而言，面试官需要具备哪些素质和能力呢？

首先，面试官应该具备良好的个人品格和修养，应为人正直、公平公正，不徇私舞弊，不受主观感受的影响。

其次，面试官应具备一定的面试技巧、面试专业知识和识人的能力，在面试过程中可以掌控局面，遇到突发状况可以沉着应对。经验不够丰富的面试官在面试之前，一定要系统地学习面试的专业知识，掌握面试的相关技巧，如此才能更好地判断面试的结果、准确地识别人才。

最后，合格的面试官自身的专业能力应该过硬，还应该理解公司的企业文化和所招聘岗位的要求，另外还要使自己涉猎的知识范围足够广泛。在面试过程中，面试官要有敏锐的判断能力，能够分析判断应聘者的专业素质是否符合企业要求。

5.1.2　选择合适的面试方式

一般来说，面试方式有结构化面试、非结构化面试、小组面试等（见图5-2）。企业应根据招聘岗位的要求灵活地选择不同的面试方式。合适的面试方式可以帮助企业更有效地选拔人才。

图 5-2　选择合适的面试方式

结构化面试是企业招聘过程中使用最多的一类面试方式，即提前准备好一份面试的问题清单，上面包括应聘者的基本情况、专业能力以及个性特征等方面的问题，通过这些问题可以全面了解应聘者的大致情况。面试官通过应聘者的答案，以及回答问题时的表现，来判断该应聘者是否适合某一岗位。结构化面试的优点就在于它可以帮助企业横向对比人才，通过不同的人才对同样问题的回答，可以分析和判断出谁更适合某个岗位。

非结构化面试是一种较为简单的交流面试，一般来说，就是面试官根据自身的经验和岗位的要求来提问问题。这种面试方式一般适合于特殊人才的面试，而且对于面试官的能力要求较高。

小组面试就是指几个面试官一同面试应聘者，同样也是通过提问设置好的问题，来评测应聘者的能力和水平。这种方式的优点在于可以更加全面地判断出该应聘者是否适合该岗位，也可以节省后续商议的时间。

结构化面试、非结构化面试等不同的面试方式有着不同的优点和缺点，具体如表 5-1 所示。

表 5-1 不同面试方式和优缺点

面试方式	优缺点
结构化面试	1. 帮助企业横向对比人才 2. 流程规范，较为公平 3. 过于程式化，不够灵活
非结构化面试	1. 不拘形式，较为灵活 2. 操作简单 3. 判断标准不统一，缺乏公平性 4. 对面试官的能力要求较高
小组面试	1. 能够反映人才的沟通能力及面试场合的应变能力等 2. 所有应聘者都能得到展示机会，较为公平 3. 对试题通用性、面试官能力等要求较高

5.1.3 设置面试中的问题

在面试之前企业需要提前设置好要提问的问题，这些问题要能够客观全面地考察应聘者的专业能力和其他素质。

一般来说，面试的题目分为一般情况考察和专业能力考察。一般情况也就是指应聘者的姓名、年龄、学习经历和工作经验等方面，通过提问这些问题，面试官可以很快掌握应聘者的基本信息。

对于专业能力的考察，设置问题的时候需要相关部门配合，要充分了解该岗位所需要的基本技能。

面试中的题目大多是开放式的答案，这就要求面试官要充分掌握该岗位的专业知识，否则便无法准确判断应聘者的能力水平。

不同的企业对员工的要求不一样，题目也应该根据企业自身的发展规划来设置。企业应该将题目与自身的企业文化相结合，这样可以有效地选择出需要的人才。

5.2 面试流程与组织

面试并不是简单的提问和回答,是需要按照流程进行的。如果考官想到哪就问哪,就会被应聘者质疑面试的专业性,从而导致面试失败,还会影响企业的形象。一般来说,一套面试流程分为导入阶段、提问阶段和结束阶段(见图5-3)。大多数的面试都是按照这个流程进行的,这样不会因为没有规律而导致面试过程混乱。

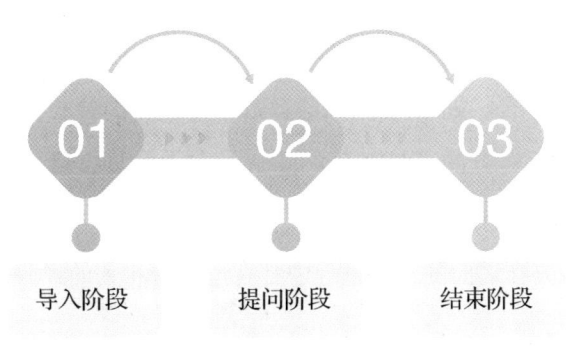

01 导入阶段　02 提问阶段　03 结束阶段

图 5-3　面试的流程

5.2.1 导入阶段

导入阶段，面试官应该与应聘者建立融洽的关系。可以通过简单的寒暄和介绍，让应聘者放松心态，熟悉面试环境。这是十分重要的一步，是企业给应聘者的初印象。如果第一印象不好，应聘者可能会一直处于紧张状态，回答问题时也很难发挥出最好的状态。

面试官对于应聘者的态度应该是谦逊礼貌的，切不可傲慢无礼，否则就会导致应聘者对企业产生不良印象，从而影响企业的招聘工作。

在导入阶段，主要是面试官做主导，建立起良好的沟通关系。面试官应该先有一段开场白，引导应聘者进入面试环境，为应聘者介绍面试的大致流程，讲清楚本次面试的方式，大致需要多久，有哪几位面试官。然后，便可以请应聘者简单做一下自我介绍，说明个人基本情况。

5.2.2 提问阶段

在应聘者介绍完自己以后，便可以进入提问阶段了。提问阶段可针对个人情况、专业能力和职业规划等进行提问。面试官可以先就应聘者的个人学习和从业经历进行提问，询问一下对方大致在哪些企业工作过，工作的内容是什么。如果应聘者之前做过与应聘岗位相关的工作，更要详细地询问一下对方的工作经历，了解对方大致具备哪些与工作岗位相关的专业技能，拥有哪些证书等。也可以通过应聘者之前的工作或项目经历，挖掘对方在之前的工作过程中都有过哪些相关的经验，对应聘岗位有什么帮助等。

在具体提问过程中，可通过情景模拟的方式进行提问，比如选定一个特定的工作案例，询问对方会如何处理。从应聘者的回答中，了解对方的大致能力水平。

5.2.3 结束阶段

面试官对应聘者有了大致的判断后，应该反过来向对方进行自我介绍，主要包括公司的基本情况、岗位的基本要求、公司的未来规划等。通过这些介绍，有利于应聘者对公司有一个大致的了解，也有利于应聘者进行选择。

在面试结束之前，可以询问对方"您还有什么问题要问我们的吗？"一般来说，应聘者会询问企业大致的岗位薪资、具体的工作安排，以及大致的工作时间等问题。

最后，大致浏览一下面试的记录和应聘者的简历，检查是否存在遗漏的问题没有问到。因为一位应聘者来公司面试的机会一般只有一次，所以在面试结束之前，一定要保证没有遗漏，避免影响面试的评估结果。

5.3 结构化面试

结构化面试是一种标准化面试方式，面试官根据制定的测评指标，运用特定的问题和评价标准，与应聘者进行面对面沟通和交流，通过分析应聘者的答案，来判断对方是否适合岗位要求。

结构化面试不仅吸收了标准化测评的优点，还结合了传统的面试方式的优点，因此是现在很多企业所采用的主要面试方式。

结构化面试的特点十分明确，就是利用提前设置好的问题，对所有的应聘者采用同样的面试方式。这样可以保证面试过程客观公平，也能帮助企业后续对人才进行对比。因此，对于结构化面试而言，面试的题目就尤为关键（见表 5-2）。面试过程所提问的问题，必须兼备一般性和特殊性。一般性是指题目应该适合大多数应聘者，能够体现出应聘者的基本情况，能够从中了解应聘者的大致经历和技能。特殊性则是指专门针对某些岗位设置的题目，这些题目应该具有专业性，可以方便面试官通过这些题目了解到应聘者的专业水平以及所掌握的专业技能。对于某些特殊岗位，还需要特殊的要求。

表 5-2 结构化面试问题

应聘职位	您要应聘的职位是什么？ 您为什么想要应聘该职位？ 您觉得自己应聘该职位的优势是什么？ 您要求的薪资是多少？ 您对我们公司了解多少？
工作经历	您当前是否处于离职状态？ 如果在职，您大概何时可以入职？ 您之前从事过相关工作吗？ 您在之前的工作单位工作了多久？ 您之前在工作中有做过什么相关的项目吗？ 您之前离职的原因？ 您还有过什么其他的工作经历吗？
教育经历	您之前的教育经历有哪些？ 毕业于哪所院校？什么专业？ 都学习过哪些与职业相关的科目？ 您获得过什么相关的技能证书吗？
兴趣爱好	您平时工作之余都做些什么？ 您平时有什么兴趣爱好吗？
自我评价	您认为您自己有什么优势吗？ 您觉得自己的缺点是什么？ 您觉得如何才能改正自己的缺点？
其他相关能力	可根据某个问题或者案例询问对方的看法

一般来说，结构化面试中的面试官大概需要 2 人以上，通常在 5 人左右。面试官应该按照专业、职务等进行选择，组成面试测评组，选出主要负责人员，还要选出主持人，负责操控整个面试流程。面试官应该公正客观，避免主观因素的干扰，应该充分掌握面试技巧，同时自身的专业技能也要过硬。

结构化面试与其他的面试方式不同，通过相同的问题、相同的形式对应聘者进行面试，可以更加公平公正地选拔出合适的人才。结构化面试的典型特征就是它的流程标准化，更加严谨客观。对此，面试官要严格遵守面试的流程和规则，这样才能更好地比较应聘者，从而选择合适的人才。

5.4 非结构化面试

非结构化面试就是指没有特定模式，由面试官按照自己的流程或模式对应聘者进行提问的面试方式。与结构化面试不同，非结构化面试没有固定的流程，一般就是面试官提出问题，然后由应聘者来回答，随后面试官再根据应聘者的回答来继续追问其他的内容。非结构化面试的过程相对"随意"，对于不同的应聘者，面试的内容和模式可能会随之变化。

非结构化面试的适用范围较窄，一般适用于面试高级管理层的应聘者。而结构化面试的形式较为固定，并不适合考察较高层次的能力，如管理能力、团队组织能力等。现在，大多数企业会通过非结构化面试的方式，围绕某一话题或者某一项目进行沟通，让应聘者能够自由发挥自身的才能。

非结构化面试的一大特点就是它的不确定性，不同于结构化面试严格的流程，非结构化面试更倾向于面试官的主观感受。如果面试官对某一应聘者比较感兴趣，可能会追问很多其他方面的细节。但至于大概会问些什么，就具有很大的不确定性。

非结构化面试还有一个特点就是评分标准相对模糊。在结构化面试中，对于每个问题的权重和标准都是经过严格制定的，但在非结构化面试中，问题的答案相对开放，答案的评分标准一般由面试官来决定。

由此可见，在非结构化面试中，面试官扮演着十分重要的角色，其几乎决定了面试的流程与结果。因此，非结构化面试对于面试官的要求十分严格。面试官的水平是影响整个面试可信度的关键，因此面试官应该具有较强的专业能力、丰富的工作经验以及丰富的面试经验，在面试过程中可以把控全程，同时能掌握测评工具的使用方法以及判定标准。面试官还应该具有较强的分析能力和语言表达能力，在应聘者回答完问题后，能够迅速找出可追问的要点进行提问。此外，面试官要能够快速地分析出应聘者答案的优劣，及时记录和评定。由于前来应聘的人员能力水平不同，面试官的知识范围应该更为广泛，这样才能够迅速地判断出面试人员与岗位的匹配程度。

除了相互之间的交流外，非结构化面试也有诸多其他的形式，如案例分析、情景模拟等方式。通过这些实用性较强的方式，企业可以有效了解应聘者的实践能力，也能够更好地发现应聘者的应变能力和创新能力。

在非结构化面试中，对于应聘者的评价方式一般是通过量表的方式进行评估的。等级评估是非结构化面试中使用较多的一类评估方式，也就是通过与应聘者进行沟通和交流，依据评价等级来判断应聘者的各方面能力。

招聘人员可参考表5-3，同时结合企业的具体情况去拟定适合的面试评估量表。

表 5-3 面试评估量表

考核要素	评价等级			
仪容仪表	优秀	良好	一般	差
教育程度、学历背景	优秀	良好	一般	差
专业知识与技能	优秀	良好	一般	差
过往工作经历	优秀	良好	一般	差
求职意愿	优秀	良好	一般	差
进取心、责任感	优秀	良好	一般	差
语言表达能力	优秀	良好	一般	差
沟通协调能力	优秀	良好	一般	差
分析判断能力	优秀	良好	一般	差
应变能力	优秀	良好	一般	差
综合素质评价、人岗匹配度	优秀	良好	一般	差

招聘人员通过量表的方式，可以对该应聘者有一个大致的判断，也便于与其他应聘者进行对比。在非结构化面试中，面试官应该根据应聘者的综合素质进行分析，给定相应的评级。面试官应该秉持公平客观的原则，给予应聘者相应的等级评价。

5.5 无领导小组面试

无领导小组面试要求一定数量的应聘者（一般为6～9人），在没有面试考官的情况下，在规定的时间内，就一个问题或情景进行讨论和分析。在讨论过程中，每个人处于平等的地位，不存在负责人或者主持人。

无领导小组面试是测评法的一种形式，这种方法主要用于考察应聘者的组织协调能力、语言表达能力以及逻辑分析能力。一般适用于选拔某些特殊类型的人群，例如选拔具有管理能力的人员，或者具有销售能力的人员。这种无领导小组讨论的模式更适用于那些需要较强交流沟通能力的岗位，技术类的岗位不适合用这种测评方式。

在进行无领导小组面试之前，首先要随机挑选应聘者，将其组成组，然后给予这组应聘者一个测试问题。在主持人说开始后，应聘者就可以开始针对这一问题进行讨论。在讨论过程中，每个人都有平等的发言机会。面试官全程不参与，也无须主持人控场。

在应聘者进行讨论时，面试官应该在旁仔细聆听和观察，根据每位应聘者发表的意见，来分析和判断应聘者的语言表达能力和逻辑分析能力。同时，还应该着重注意应聘者是否能够接纳其他人的意见，以此来观察应聘者的团队协作能力。在无领导小组面试中，主要考察的就是团队的组织和协调能力，因此面试官既要观察应聘者的自身素质和专业能力，还要观察应聘者是否能够融入团队中。

针对应聘者的评价，一般可采用评价量表的方式。招聘人员可根据企业的具体情况去拟定适合的无领导小组讨论面试评估表，再根据量表所反映的情况来分析应聘者的个人素质和能力。

[招贤纳士]

不同的岗位需要不同的面试方式

C公司最近正在招聘销售经理，经过结构化面试后，选拔出了专业能力较为突出的王先生入职。但是没多久，便有人反映王先生在工作过程中根本不采纳其他人的意见。在开会时他全程都在讲述自己的观点，当其他同事提出观点时，他不仅不听，还处处反驳。后来，C公司还因为王先生的个人独断造成了巨大的损失。

这种情况引起了C公司的重视，C公司吸取教训，决定再面试销售经理时，除了基本的面试形式外，还采用无领导小组讨论的形式考察应聘者的沟通协调能力。在启动了无领导小组讨论面试后，C公司终于选拔出了最合适的销售经理。

5.6 电话面试与视频面试

电话面试和视频面试都是通过现代沟通工具进行面试的方式，一般用于对应聘者进行初筛。对于应聘者来说，有些应聘者可能想要先对公司有个大致的了解后再进行面对面的沟通，以免带来不必要的麻烦。而对于企业来说，现场面试要耗费一定的时间和精力，如果能够通过电话面试或视频面试进行初筛，则可以节约一定的成本。

5.6.1 电话面试

电话面试可以用于初筛应聘者，还可以用于某些特殊岗位的招聘，例如电话销售、电话客服等。针对这类岗位，面试官可以通过"情景电话面试"的方式对应聘者的沟通能力、说话音色以及发音进行大致的了解。

在进行电话面试时，招聘人员应该要注意以下几个方面。首先，应该与应聘者确定简历上的内容，看是否有错误，是否存在误投现象。大致了解一下对方的教育经历和工作经历，看是否匹配岗位的要求。其次，通过简单的几个问题，可以判断应聘者的语言表达是否流畅。同时，可以通过应聘者回答问题的态度和语调，判断出应聘者对公司或该岗位是否有意向。如果对方的态度散漫，也就没有必要进行现场面试，避免浪费人力成本（见图5-4）。

图5-4 电话面试过程中面试官应注意的问题

不同于现场面试，电话面试的时长一般是有限制的。如果在进行电话面试的时候不能准确地展现企业的优势，可能会导致对方对企业印象不深刻，影响企业的招聘。因此，在短暂的时间内，面试官应该尽量讲解清楚企业的优势、文化以及岗位的需求，避免无效沟通。具体的岗位工作内容和要求，可以在现场面试时沟通。

如果招聘人员认为该应聘者的能力大致符合岗位的需求，便可以与应聘者商议现场面试的时间和地点。

5.6.2 视频面试

一般来说，视频面试适用于那些因为某些原因无法到达面试现场的应聘者。视频面试的时间和地点比较灵活，可以根据应聘者和面试官的行程来安排或调整。不过，随着工作形式的多样化，有些岗位也可以采用远程办公模式，比如文案策划、软件开发岗位等，对于这类岗位的应聘者而言，也可以用视频面试代替现场面试。

在进行视频面试的时候，面试官也需要注意两个方面的问题（见图5-5）。首先，视频面试与电话面试不同，需要招聘人员提前跟应聘者进行沟通，商议好视频面试的时间，好让应聘者可以提前准备场地。其次，面试官要注意观察应聘者在视频中的穿着及周围的环境，以此判断应聘者的精神面貌、工作态度及求职意愿。如果应聘者视频的环境嘈杂，穿着也都十分随意，那么说明他并没有对这次面试多做准备，求职意愿不强。

图 5-5　视频面试过程中面试官应注意的问题

视频面试的形式基本和现场面试相似，同样也可以进行结构面试、非结构化面试或者无领导小组讨论。

随着面试方式的创新，现在还出现了一种面试方式，也就是异步视频面试。招聘人员可以提前通过邮件或者信息的方式，将测试问题发送给应聘者，要求应聘者在规定的时间内，按要求上传录好的视频。这种方式简单方便，是一种比较灵活的筛选人才的方式，也成了现在很多企业的选择。

5.7 面试的沟通方法与技巧

在面试过程中，面试官想要准确地识别人才、说服人才加盟，就要掌握足够的面试沟通方法和技巧，展现良好的职业素养。

5.7.1 现场面试的沟通方法

企业面试官在与应聘者交流和沟通时，首先要注意面试中的沟通礼仪，对所有应聘者都要友好相待，其次要展现良好的沟通技巧，提出专业的、有水准的问题（见图 5-6）。

注意面试中的沟通礼仪

展现良好的沟通技巧

图 5-6　现场面试的沟通方法

◆ 面试的沟通礼仪

首先,在应聘者来到指定的面试地点后,面试官应该及时迎接,不能摆架子让对方久等。如果实在有事情耽搁,也应该及时表达歉意。

其次,在面试过程中,面试官在提问时应该注意自己的语气,不能咄咄逼人,态度应该温和亲切。不要随意打断应聘者讲话,对方回答问题时,应该注意倾听。不要表现出不耐烦的态度,不要玩手机或者做其他不尊重对方的行为。不能直接问及应聘者的隐私问题,也不要一直追问对方不想告知的信息。在应聘者回答问题时,也应该及时进行记录,仔细倾听,捕捉有用的信息。

◆ 面试的沟通技巧

在应聘者应约来到面试地点后,面试官可以与其寒暄几句。比如,"您是怎么来的啊?""路上堵车了吗?"这样可以给应聘者一个亲切友好的印象。

面试开始后,在提问的时候,可以先请对方做自我介绍,在对方进行完自我介绍后,可以根据对方的回答进行提问。比如,"我听您说,您之前的这份工作是在×××公司,那您能具体说一下您之前的工作内容吗?"或者问及对方的教育经历,"您之前是否在×××大学就读,您能说一下在大学期间都参加过哪些活动吗?"如果是进行结构化面试,那么在提问对方问题以后,也应该稍作分析和判断,不能直接按照模板提问下一个问题,这样会让应聘者感觉态度敷衍。

在了解完对方的大致情况后,如果企业还有其他的需要,可能需要其他专业技术管理人员对应聘者进行二次面试。那么此时,一定要告知应聘者，并征求对方的意见，比如"我们后续还有部门经理的复试，您是否可以参加？"如果对方同意，可以请对方稍等消息，也应该告知对方大致的等待时间。

5.7.2　电话面试的沟通技巧

电话面试的目的与现场面试略有不同，电话面试可作为人才初筛的手段。因此，电话面试的沟通和交流主要在于确认对方的求职意愿，避免浪费双方的时间和精力。

◆ 电话面试的沟通礼仪

电话面试之前，面试官一定要提前通过邮件或者信息的方式，来确定对方的时间是否合适。如果贸然跟对方通话，会引起对方不悦，从而无法顺利地进行面试交流。

在确定电话面试时间时，也应该选择工作时间，避免打扰对方休息。如果对方还是在职人员，也应该与对方商量在合适的时间进行电话面试。

◆ 电话面试的沟通技巧

电话面试时，应首先做自我介绍，然后说明来电目的。接着询问对方是否方便通话，可以说"您好，×先生/女士，我是×××公司的人事，之前跟您预约好进行电话面试的，您现在是否方便呢？"在确认对方方便通话后，便可以开始进行面试。

由于电话面试时还需要确认对方的简历信息，因此需要了解应聘者的基本情况。在提问对方时，应该突出重点，比如就对方的教育经历、工作经历、求职意向进行提问。其他的基本信息，可以等到现场面试时再询问。

电话面试时，除了面试官要了解应聘者外，应聘者也想要了解企业。招聘人员应该简要向对方介绍公司的基本情况、行业规模和职位待遇等，要突出重点，比如"我们公司是×××公司，在×××行业中占据领先地位，曾进行×××项目……我们公司提供五险一金……"。

5.8 面试的评估误差规避

面试其实是一种带有较多主观因素的测评方式，可能会存在部分评估偏差，但有些偏差是可以避免的。为了避免这些偏差的出现，使面试的测评结果更客观公正，面试过程中，面试官需注意以下情况：不要提私人化的问题；不要堆砌专业术语；重在倾听，不要喧宾夺主；亲切自然，缓解紧张氛围（见图 5-7）。

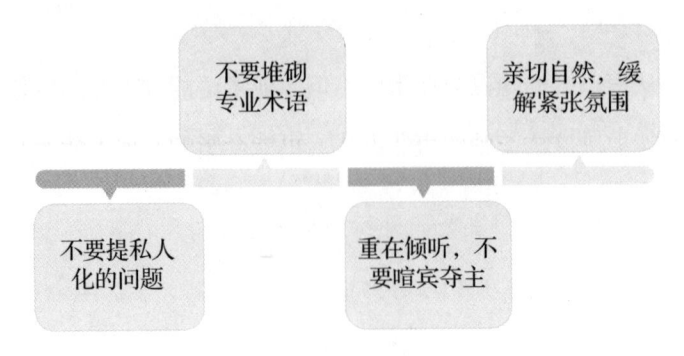

图 5-7 面试过程中面试官需注意的情况

5.8.1 不要提私人化问题

面试是双向选择的过程,企业在选择人才的同时,应聘者也在通过面试来判断企业是否值得加入。因此,在面试过程中,提问应聘者的问题就需要经过慎重的考虑。

有些面试官觉得可以通过"聊家常"的方式来营造亲切的氛围,会提问应聘者一些私人问题,比如"家里几口人啊?已经结婚了吧?父母做什么的啊?"但这些问题都是隐私问题,应聘者往往不愿意透露。随意提问这些问题,会引起应聘者的反感,应聘者也会怀疑公司的专业性,从而不愿意认真回答其他的专业问题,进而导致人才的评估出现偏差。

5.8.2 不要堆砌专业术语

有些面试官在面试时故弄玄虚,堆砌很多专业术语,本意是想要考察应聘者的专业知识,但如果一味地罗列、堆砌专业术语,反而会干扰应聘者的思考,不利于应聘者顺畅地回答问题。

面试官堆砌专业术语,可能会使应聘者认为面试官想要考察自己的专业术语,从而也开始堆砌专业术语。但专业术语的堆砌并不代表应聘者实际的专业能力,这样花哨的表达方式,可能会影响其他不懂专业知识的面试官的判断。

其实,在面试中,专业术语是可以运用的,但是应该适度。面试官在考察应聘者是否具备相应的专业知识时,应该着重看应聘者能否准确解释这些专业术语,而不是一味地堆砌专业术语,言辞花哨。

5.8.3　重在倾听，不要喧宾夺主

面试过程中，主要是面试官对应聘者的提问，而不是面试官的"自我介绍"。面试官应该着重倾听应聘者的回答，不能"喧宾夺主"。如果面试官言语过多，自己滔滔不绝，不仅会影响面试的正常流程，也会导致应聘者失去表达的机会。通过这样的面试，面试官无法真正了解到应聘者的能力，也就无法对应聘者进行合理的评估。

5.8.4　亲切自然，缓解紧张氛围

在面试时，所有的应聘者都希望能有一种轻松愉快的氛围，这样的氛围也能有助于应聘者自如发挥。如果面试官过于冷硬，摆出高高在上的姿态，导致面试现场氛围凝重，那么应聘者也会紧张，从而无法正常发挥。因此，面试官应尽量以亲切自然的态度面对应聘者，缓解其紧张的情绪。

企业面试的目的是招聘合适的专业人才，而不是进行严肃的审核，没有必要制造紧张的气氛。在面试过程中，只有面试官始终保持亲切友好的态度，应聘者才能发挥出自己真正的能力，面试官也才能更好地评估人才。

慧|眼|识|人

面试中的误区

面试结果很大程度上是面试官根据主观判断而决定的，但主观判断有时会存在一些误区，这些误区会导致面试出现评估的偏差。

第一，对比误差。

对比误差就是指如果一个人前面的几个人面试效果都很差，即使这个人的能力一般，也会被误认为是表现优秀。相反，如果一个人前面的几个人都十分优秀，那么这个人也可能在面试评估中获得较低的评价。这种对比效应很容易影响面试官的判断，因此应该严格通过结构化面试中的评分制度来尽量规避这种影响。

第二，晕轮效应。

晕轮效应是指如果一个人的某一方面特征突出，那么面试官可能会认为这个人其他方面的表现也一样好。想要避免晕轮效应，那么面试官在面试之前，要进行系统的培训，意识到对应聘者的考察应该是多方面的，而不能受单一方面的影响。

第三，非语言行为。

非语言行为包括应聘者的举止、行为、穿着等方面，有些经验不够丰富的面试人员可能会因为应聘者的非语言行为不符合规范而主观否定应聘者的能力和素质，这就会在一定程度上影响到正常的面试评估。因为非语言行为只是评测中的一个方面，并不能全面反映应聘者的素质、能力水平，面试官应根据应聘者各方面的表现去做综合评价，避免评估误差。

第6章

薪酬谈判，留住人才

薪酬是衡量企业大小岗位的相对价值的标尺，也能体现出人才的能力及价值。而薪酬谈判则是企业与求职者之间的心理博弈。

身为企业面试官，应主动了解薪酬体系的设计原则和步骤，积极掌握薪酬谈判的实用技巧，明确薪酬谈判的相关注意事项，做足准备，令招聘工作事半功倍。

6.1 薪酬体系的设计

企业的薪酬体系设计是否科学合理，关系到员工工作的积极性，也影响到企业的发展。想要吸引人才、留住人才，就要注重薪酬分配，做好薪酬管理，创建一套公平有效、符合企业发展现状的薪酬体系。

6.1.1 薪酬体系设计的原则

薪酬体系设计是企业人力资源管理的重要内容，指的是企业根据现阶段的发展情况，综合考虑内外部各项因素，并结合企业文化等制定的一套向员工支付报酬的政策或程序，其具有总体性、长期性等特点。

需要注意的是，企业所采纳的薪酬体系要与企业的整体战略规划挂钩，促使员工自动自发地维护企业的战略目标，为企业在激烈的市场竞争中站稳脚跟而献出自己的一份力量。

招聘之道，让人才选拔更精准

具体而言，企业薪酬体系的设计要遵循以下原则：注重内部的公平性，突出外部的竞争性，与绩效密切相关，具有激励性，符合法律规定，可操作性强，灵活性强（见图6-1）。

图 6-1　薪酬体系设计的原则

注重内部的公平性，指的是在设计薪酬体系的时候按照不同的岗位性质、工作范畴及岗位职责去定薪，体现出一定的价值差异。

突出外部的竞争性，指的是企业内部不同岗位的薪酬水准要符合或超出行业水准，对优秀人才具有一定的吸引力。

与绩效密切相关，指的是在设计薪酬体系的时候要充分考虑到绩效考核的情况，即具体的薪酬要与团队或个人绩效完成度息息相关。

具有激励性，指的是薪酬体系设计要以激发员工工作积极性为导向。

符合法律规定，指的是具体的薪酬标准要符合国家或地区的劳动法律法规。

可操作性强，指的是具体的薪酬体系设定要符合企业的发展情况，最好简单易懂，便于员工理解。

灵活性强，指的是企业的薪酬体系可以根据企业不同的发展情况去作不同的调整。

6.1.2 薪酬的分类和设计步骤

企业薪酬体系设计工作是一个复杂庞大的工程，需要在了解薪酬分类的基础上遵循科学的设计步骤和方法，才能建成一套完善、合理的薪酬体系。

◆ 薪酬的分类

薪酬可以拆分为"薪"和"酬"两部分，一般而言，"薪"（经济性薪酬）指的是企业根据不同员工的工作内容和工作表现所支付的基本工资、绩效工资、福利津贴等。"酬"（非经济性薪酬）指的则是含义更广泛的工作报酬，比如非货币化的福利、发展机遇、学习机会等（见图6-2）。

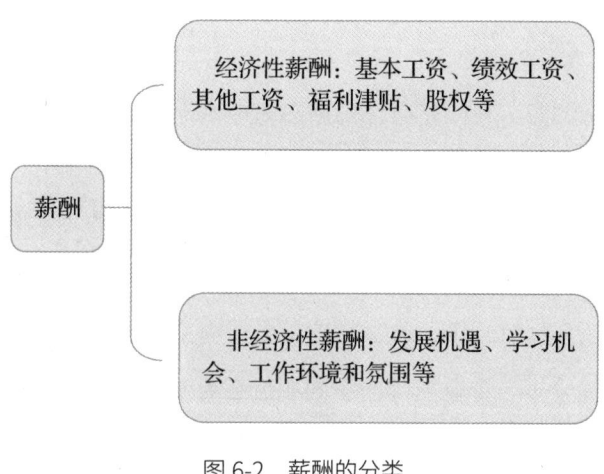

薪酬
- 经济性薪酬：基本工资、绩效工资、其他工资、福利津贴、股权等
- 非经济性薪酬：发展机遇、学习机会、工作环境和氛围等

图 6-2 薪酬的分类

◆ 薪酬体系的设计步骤

在明确企业战略目标的基础上，进行一系列细致入微的工作流程和步骤，才能设计出科学的薪酬体系。具体而言，薪酬体系的设计步骤大致如下：做好薪酬调查、进行职位分析、进行岗位评价、确定薪酬结构（见图 6-3）。

图 6-3 薪酬体系的设计步骤

做好薪酬调查。在敲定具体的薪酬策略和结构方案之前，一定要做好薪酬调查工作，掌握企业内外部的具体情况。而在做调查工作时，不仅要对企业目前的薪酬水平进行调查，还要对行业薪酬水平乃至不同地区相同行业的薪酬情况等做大致的了解。另外，还要对影响薪酬水平的诸多因素进行调查，比如国家政策、行业特点、企业内部因素等。

进行职位分析。企业内部的不同职位有着不同的薪酬待遇，在进行企业薪酬体系设计的工作过程中，要明确部门职能、职位关系及岗位职责等内容，并在一系列细致入微的调查工作的基础上，做好职位分析。

进行岗位评价。根据企业内部不同职位的具体情况做好职位等级排序，在此基础上进行岗位价值评估。除此之外，也可运用分类法或其他方法进行岗位评价，以此大致决定企业大小职位的相对薪酬。

确定薪酬结构。不同的企业往往有着不同的薪酬构成方式，一般情况下，企业会根据自身的特点、发展状况、战略规划等确定自己的薪酬结构。

6.1.3 薪酬体系设计的注意事项

薪酬体系的设计要与企业长、短期的发展结合起来，尽量科学、精细化，如此才能最大限度地调动员工的工作热情，促进企业发展。除此之外，企业在设计薪酬体系的时候还要注意以下事项（见图6-4）。

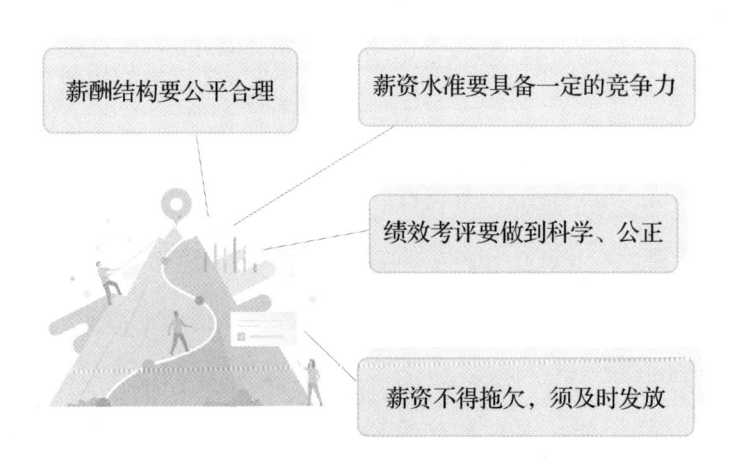

图 6-4 薪酬体系设计的注意事项

第一，薪酬结构要公平合理，符合行业标准和企业发展现状。企业薪酬结构一般由最低工资、职务薪酬、绩效工资、加班工资等组成。首先，员工的基本工资要满足当地最低工资水准；其次，职务薪酬要根据科学的职位价值评估、行业一般水准等来确定；再次，绩效工资则要根据绩效考核结果制定；最后，加班工资的计算要合理合法等。

第二，薪资水准要具备一定的竞争力。薪酬是企业吸引、留住人才的最主要的手段之一，如果企业所提供的薪酬水准过低，又没有高福利、广阔的职业前景、优越的工作条件等作为补充，就很难获得优秀人才的青睐。

第三，绩效考评要做到科学、公正。通过绩效考评，能了解员工现阶段的优势和不足，帮助员工提升综合素质，确定发展方向，同时也能点燃员工的工作热情，激发其能动性。正因为绩效考评如此重要，才更要注重绩效考评过程与结果的公平与公正。绩效考评结果如果脱离了客观事实，很可能让员工对企业整个薪酬系统都产生怀疑和不满情绪。

第四，薪资不得拖欠，须及时发放。企业经常拖欠员工薪资的行为违反《中华人民共和国劳动合同法》，会加剧企业人才流失的问题。

6.2 了解薪酬谈判

在企业招聘员工的过程中，当求职者通过笔试、面试等一系列考验后，就来到了招聘的最后环节——薪酬谈判，这往往是决定招聘成败的关键性环节，如果处理不好，招聘前期的准备工作都可能付诸东流。

那么，薪酬谈判的目的是什么呢？其又有着怎样的步骤和作用呢？

6.2.1 薪酬谈判的目的

薪酬谈判是企业与求职者之间的心理博弈，作为求职者，当然是期望自己的辛勤工作能够获得更高的回报，以获得更高收入，提升生活水准；而作为用人单位，大都希望能够用尽可能低的工资水准招揽到合格、优秀的员工，以降低经营成本，这种情况下，企业与求职者就不得不就具体的薪酬情况进行磋商。当然，薪酬谈判建立在双方平等、自愿的基础上。

薪酬谈判的最终目的是招揽合适、优秀的人才，为企业发展加油助力，而不是毫无底线地压低用人成本。具体而言，薪酬谈判的目的包含以下两点。

首先，薪酬谈判要达到吸引优秀人才、激励人才的目的，也就是说，薪酬谈判的结果要能体现招聘岗位的市场价值与发展潜力。

其次，薪酬谈判不得打破企业内部员工的薪酬公平，也就是说，薪酬谈判的结果要能体现招聘岗位在企业内部的相对价值，最好不要违背企业薪酬体系中针对该岗位所制定的最高标准，以免令其他员工产生不公平感。

6.2.2　薪酬谈判的步骤

薪酬谈判是企业与求职者就企业所提供的薪资水平进行商议、交换意见等的过程。薪酬谈判具体可以分为以下三个步骤（见图6-5）。

问询对方的期待值，了解对方的理想薪资水平 ▶ 针对问询结果，逐一回应对方的期望 ▶ 试探对方的薪酬底线，逐步压低对方的期望值

图6-5　薪酬谈判的步骤

第一，通过礼貌问询、暗示、旁敲侧击等各种方法了解对方的理想薪资水平。而这里的理想薪资水平，不只是求职者对基本工资和岗位工资的

期望，还包括求职者对福利、工作环境、发展潜力等其他条件的期望。

第二，针对问询结果逐一回应对方的期望。企业方可从求职者的反馈里捕捉、总结诸多信息，并根据这些信息来对求职者做出进一步的判断。

第三，通过种种谈判技巧去试探对方的薪酬底线，逐步压低对方的期望值。当求职者所期望的薪酬与企业能够提供的薪酬水平不一致的时候，可通过持续的谈判去促使对方压低自己的期望值。当然，这种"压低"应当是合理合法的，而不是一味打压求职者，否则只会让整场谈判面临失败的结局。

慧|眼|识|人

若求职者的薪酬期望值高于预期，如何回应？

薪酬谈判是一场艰难的心理战，也是耐力与智慧的博弈，当求职者提出的薪酬数额高于企业所提供的薪酬上限时，招聘者如何正确回应才能获得更多的谈判优势呢？具体介绍如下。

如果求职者提出的月薪数额高于招聘岗位的月薪上限，可以综合企业情况，这样告诉对方："虽然我们公司提供的固定月薪与您的期望值有所出入，但我们同时提供绩效工资/岗位工资/浮动薪资，只要在达成绩效/岗位职责的情况下，平均年薪水平甚至会高于您目前的期望值。"

如果求职者提出的薪酬期望值远远高于企业目前的薪酬水平时，可以委婉地回应："我们都知道，对于像您这样工作经验比较丰富的求职者而言，换一份工作是有着一定的加薪空间的，但您目前提出的薪酬实在是超过出公司预算太多……"不把话说得太透，委婉地提醒对方适当地调整薪酬期望值。

如果求职者确实很优秀，和招聘的岗位适配度很高，也可以这样回复对方："就您所提出的薪酬要求我需要先向上级领导汇报，得到回复后再和您商议具体的情况。"

6.2.3 薪酬谈判的作用

企业要招揽员工，就免不了薪酬谈判。合理的薪酬谈判对企业和员工而言都有着很多好处（见图6-6），具体表现如下。

维护企业与员工之间的共同利益 ⇔ 促进完善、和谐的劳动关系的形成 ⇔ 有效激发员工的工作积极性

图6-6 薪酬谈判的作用

第一，维护企业与员工之间的共同利益，既促进企业的长远发展，又能满足员工的收益期望。薪酬本质上指的是劳动力价格，其具有双重含义，即产品或服务背后的人力成本和劳动力收入。企业和员工立场不同，对于薪酬自然有着不同的标准和要求，双方通过平等的协商、顺畅的交流

达成薪酬协议，能够满足双方的利益，实现共赢。

第二，促进企业和员工之间和谐、完善的劳动关系的形成。企业和员工之间就敏感的薪酬问题展开谈判，在这一过程中，双方都能及时了解彼此的期望和需求，这就有效避免了可能出现的争议与误解。而企业与员工之间的平等协商也使得薪酬分配制度更完善合理，促使双方达成合作。

第三，有效激发员工的工作积极性。企业和员工在实力上是不对等的，但在参与薪酬谈判的时候，双方的地位却是平等的，员工在薪酬谈判的过程中能具体地感知到企业利益和个人利益是紧密联系在一起的，企业稳步发展，才能保障个人收益，这就大大激发了员工的工作热情。

6.3

薪酬谈判实用技巧

薪酬谈判无异于一门艺术，谈判双方在进行心理博弈的时候，如果立场不够坚定、态度不够自信、逻辑不够清晰，就很容易被对方抢占先机，就此落于谈判的下风。而提前掌握薪酬谈判的实用技巧，则有助于增长谈判时的自信，帮助你游刃有余地面对和处理谈判过程中的种种难题。

6.3.1 明确岗位薪酬标准

在进行正式的薪酬谈判前，代表企业方的谈判人员（一般为企业招聘者）首先要将招聘岗位的薪酬标准掌握清楚，具体到这一岗位的薪酬上限与下限，这样与求职者谈判时便能根据具体的情况做出适当的判断与应对。

比如，当求职者所提出的薪酬数额、任职条件等低于企业薪酬水平的下限时，不要为了节省用人成本就毫不犹豫地答应求职者所提出的薪酬数额，而应当如实告知求职者企业一贯的薪酬标准，后续也要严格遵循这一标准，这能彰显企业的合法、正规性，维护企业内部的薪酬公平性。

如果求职者所提出的薪酬数额、任职条件等远远高于企业薪酬水平的上限时，在没有特殊需要的情况下，哪怕对方履历亮眼、工作经验丰富、各方面条件优越，也不要轻易答应求职者的薪酬要求，而是可以根据谈判场上的具体情况去作灵活的话术调整，适当降低对方的心理期望。

提前掌握岗位薪酬标准能避免和求职者陷入无意义的争辩中，同时节省企业和求职者双方的时间和精力，是薪酬谈判实用技巧之一。

6.3.2 捂紧己方的底牌，试探对方的底牌

在薪酬谈判过程中，企业方要捂紧己方的底牌，再通过种种方法去试探对方的底牌。比如，当求职者询问企业所能提供的具体的薪酬数额时，先不要急着回答，不妨反问对方所期待的薪酬待遇是多少。这是为了避免过早地亮出底牌而让对方抢占谈判先机。

当然，很多企业在招聘启事中已经写明了大致的薪酬范围，一般情况下，这些薪酬范围的上限与下限距离较远，比如"5000～10000元"，这是为了留下一定的谈薪空间。总之，薪酬谈判和其他商务谈判一样，先亮出底牌的一方在不经意间可能会暴露出某些关键信息，从而错失谈判优势。

比如，有的求职者会向招聘者询问入职后月薪有多少，经验不够丰富的招聘者可能会直接说出具体的数额，就算求职者的理想薪资原本低于招聘者说出的数额，此时他也会默默上调自己的理想薪资数额。这样一来，招聘者在接下来的谈判中便陷入了被动的局面，这就是先亮出底牌可能会

造成的不良后果。业内资深招聘者总会先试图去探听对方的底牌，收集信息以备后用。试探对方底牌的方法有很多种，最常见的是直接问询法和迂回问询法（见图6-7）。

图6-7　探寻求职者底牌的方法

直接问询法就是直接询问对方薪酬底线是多少，问的时候要注意措辞，并保持真诚的态度。比如可以这样问："入职我们公司，你理想的薪金待遇是多少呢？""你认为每年加薪幅度有多少才算合理呢？"

迂回问询法指的是精心组织话题，在交谈中巧妙地靠近"主题"，逐步探寻对方的底牌。比如从对方的上一份工作的薪资谈起，转而谈到对方的理想薪资和薪酬底线，在对方的回答中抓取想要的信息。

6.3.3　放大优势，吸引求职者的注意

为了增加谈判筹码，招聘者在与求职者进行薪酬谈判的时候，可以着重强调企业所附带的优势条件，比如优越的工作环境、广阔的发展前景等。

而在放大企业优势时，招聘者要注意以下几点（见图6-8）。

图 6-8　放大企业优势时，招聘者需要注意的问题

第一，抓住求职者的需求，着重突破。

需要注意的是，不同的求职者可能有着不同的职业规划，各自的想法和需求不同。比如有的求职者想要一份稳定的工作，有的更重视晋升机会，有的在乎工作的挑战性，有的则关心企业的工作环境和人际关系等。

招聘者在强调企业优势的时候，一定要先着重挖掘求职者的内心深层次的需求，抓住求职者最关心的部分来作重点描述，有选择性地放大企业某方面的优势，以此吸引求职者的关注，增加谈判胜算概率。

在现实生活中，一些经验丰富的招聘者会在薪酬谈判的过程中询问求职者上一份工作辞职的原因和在上一家公司的任职情况，再通过求职者的回答及其表情、语气等来判断求职者内心的真实想法，以此获取某些关键信息，然后再根据这些信息有针对性地强调企业某方面的优势，往往能收获奇效。

第二，引导求职者"向前看"，而非"向钱看"。

招聘者可向求职者介绍企业所在行业的发展趋势，简单地描述企业未来的发展战略及发展潜力，为了加深求职者的印象，还可引导求职者观看企业宣传片或官网，带领求职者现场参观企业内部环境，介绍企业文化。同时，告诉求职者企业向员工提供的薪酬并非一成不变的，随着企业的稳步发展、个人工作能力的提升，薪酬也会稳步上升。

第三，展现足够的诚意，不夸夸其谈。

招聘者在向求职者展示企业优势的时候，一定要展现足够的诚意，保持中肯的态度，切记不要夸大其实，以免给求职者留下"画大饼"、不靠谱的负面印象。

6.3.4 放慢谈判的节奏，以获得主动权

在薪酬谈判阶段，招聘者要稳住心态，哪怕面对的是急需的人才，也不能操之过急。招聘者不妨适时放慢薪酬谈判的节奏，以获取谈判的主动权。具体可参考以下方法去放慢谈判的节奏（见图6-9）。

第一，注意谈判的"起点"，从最低点开始谈起。最低点即岗位薪酬标准的下限，根据求职者的反应有条不紊地谈下去。如果求职者表达出了强烈的异议，可一点点上调薪酬数额，直至双方达成一致意见。

第二，适当地冷一冷。尤其是企业与中高层管理岗位的求职者的薪酬谈判经常会分几次进行，此时招聘者要稳住心态，适当地冷一冷对方。

比如，如果前几次有关薪酬待遇方面的沟通双方并没有达成一致意见，那么求职者可能会在下次面谈之前通过电子邮件、微信等向招聘者表明自己的调薪愿望，并试探企业的薪酬底线。这时，招聘者不要急着去回复对方，可适当冷处理一段时间，然后再进行回复，回复时尽量将薪酬调

整的困难程度向求职者阐释清楚，语气真诚、恳切，让求职者体会到企业方的诚意的同时"知难而退"，自动去调低薪酬期望，如此一来，薪酬谈判便获得了成功。

从岗位薪酬标准的下限开始谈起

适当地冷一冷，让对方知难而退

图 6-9　这样做，放慢薪酬谈判的节奏

[招贤纳士]

瞄准需求，放大优势，促使薪酬谈判成功

小董与业内某家公司的面试过程十分顺利，面试官对她的表现赞不绝口，认为她各方面条件都很不错，很适合这一岗位。当面试官询问小董的理想薪资时，她毫不犹豫地说："如果贵公司能提供我每月1.5万元的工资，我非常愿意加入贵公司。"

听到小董的回答，面试官不慌不忙，微笑着说："我们公司给这个岗位设置的月薪标准是1万元一个月，当然与您的期望有所差距，但公司还设置了'能力奖金'，根据员工每月的绩效表现发放，一般是2000元到5000元不等。另外，针对进步迅速、表现出色的员工，公司一年有1、2次的调薪机会，而对于工作满3年的老员工，公司更推出了很多更具温度的管理方式，比如一周可在家远程办公1天，可进行免费体检，等等。"

面对面试官的介绍，小董还是有点犹豫："贵公司的福利不错，但是实在是离我现在租住的地方有点远，每日通勤时间太长……"面试官立马笑着说："我们公司为中层以上管理者和外地员工提供宿舍，如果您入职的话，很快就能搬进职工宿舍，说实话，宿舍条件很不错哦。"

面试官的一番话打消了小董的顾虑，她略作思考后，答应了面试官的入职邀请。

6.4 薪酬谈判的注意事项

在薪酬谈判过程中,招聘者想要不落下风,除了要掌握谈判技巧外,还要重视谈判的相关注意事项。

6.4.1 掌握足够的信息后再谈论薪资

薪酬谈判一般是面试中的最后一个环节,在求职者初试、复试期间,招聘者最好不要过早地与求职者谈论薪资。前期,招聘者最主要的工作是了解求职者的相关信息,包括毕业院校、过往履历、知识层次、能力水平、个性特征、职业规划等(见图6-10)。

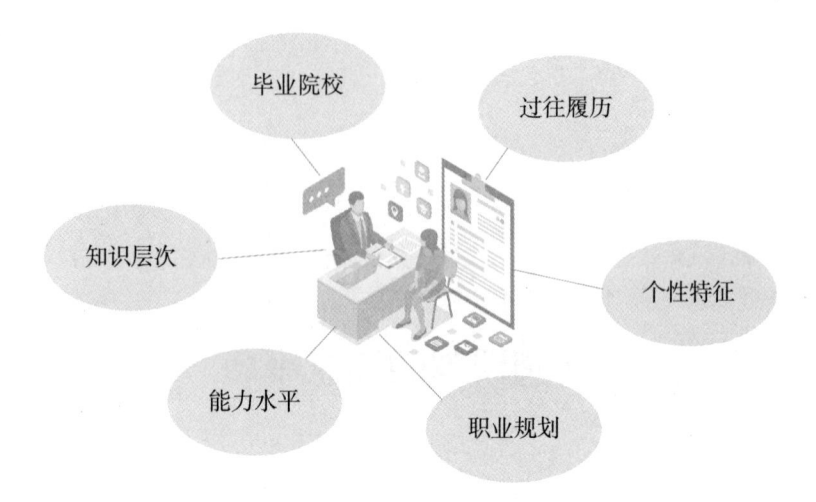

图 6-10　详细了解求职者的相关情况

而在了解求职者信息的过程中，也可向求职者介绍自己公司的相关情况，在双方都有了足够的了解、正式进入薪酬谈判阶段的时候，再去具体地谈论薪资问题，以免在面试前期随意说出的一些信息对后续谈判造成不良影响。如果求职者在初试、复试过程中主动询问了有关薪资的问题，在初步了解对方的情况后，可告知对方招聘岗位的起薪大概是多少，或告知对方薪酬的平均数，保留后续薪酬谈判的空间。

6.4.2　谈判态度要真诚，语气要诚恳

薪酬谈判和其他商务谈判一样，在整个谈判过程中体现的是双方良好的心理素质和职业素养。其中，招聘者代表企业，在面对求职者时，除了要展现过硬的专业素质外，还要具有较强的亲和力，擅于沟通、交流，在真诚礼貌地表达自己的意见和看法时，也要积极去倾听求职者的心声。

在现实中，有的招聘者在与求职者进行薪酬谈判时不自觉地把自己摆在高人一等的位置上，处处表现得冷漠、傲慢，向求职者提的问题也十分犀利、刁钻，这种不专业的行为甚至会给企业形象带来负面影响。真正优秀的招聘者在薪酬谈判的过程中一言一行都很礼貌得体，他们十分注重谈判时的态度、语气以及其他细节，避免给求职者留下不良印象。

哪怕求职者提出了在企业方看来十分过分的要求，招聘者也会礼貌应对，有理有据地与对方"周旋"，且全程保持着真诚的态度和诚恳的语气，始终尊重他人，以诚相待。毕竟商务谈判应立足于谈判双方的相互尊重与诚信，薪酬谈判更是如此，双方平等协商、互相尊重才能促成谈判的成功。

6.4.3 直奔结果，不务虚

很多商务谈判将"战线"拉得过长，谈了一场又一场却始终谈不出结果，最终不得不以失败而告终。分析其中的原因，才发现谈判过程中双方谈判人员因被其他因素所干扰而一再跑题，却离真正需要解决的问题越来越远。这告诉我们，谈判一定要聚焦主题，不务虚才能节省双方的时间与精力，迅速解决实际存在的问题。薪酬谈判也是如此。

薪酬谈判的结果，一定是明确的薪酬金额以及福利待遇等相关信息，具体包括实习期或试用期薪酬、转正薪酬（月薪或年薪）和转正条件、绩效薪酬及其他福利待遇等（见图6-11）。谈判时的种种话题应当围绕着这些信息出发，等明确了关键性信息且双方都无异议后，可酌情将这些信息列选至对求职者发放的入职邀请函中。

招聘之道，让人才选拔更精准

实习期或试用期薪资

转正薪资和转正条件

绩效薪资和绩效考核条件

加班奖金、津贴等福利待遇

图 6-11　薪酬谈判需明确的关键性信息

6.5 非经济性薪酬的谈判

在经济发展日新月异的今天,非经济性薪酬越来越受到求职者的重视,也在薪酬谈判中发挥着独特而不可替代的作用。

6.5.1 非经济性薪酬的类型与特点

员工在岗位上尽心尽责、努力工作得到的除了经济性薪酬外,还包括非经济性薪酬。非经济性报酬与员工在工作中的心理感受与物质环境息息相关,具体而言,它指的是企业文化、环境等带给员工满足感的一种心理效用和实际好处,其无法用经济手段去衡量。

非经济性薪酬主要分为个人感受型和外部环境型这两种类型,前者包括工作成就感、挑战性等,后者包括企业文化、工作环境等(见图6-12)。

招聘之道，让人才选拔更精准

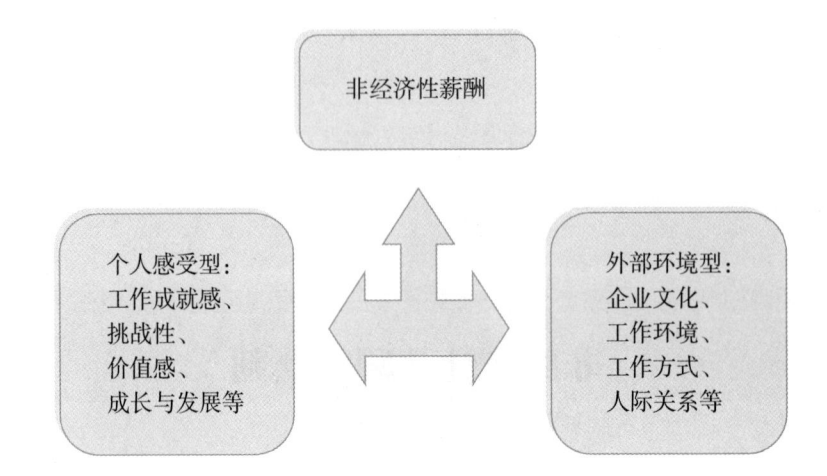

图 6-12　非经济性薪酬的类型

非经济性薪酬很多都体现为员工的心理感受，它具有形式多样、个性化、构成丰富多元、与企业文化紧密相连等特点（见图 6-13）。

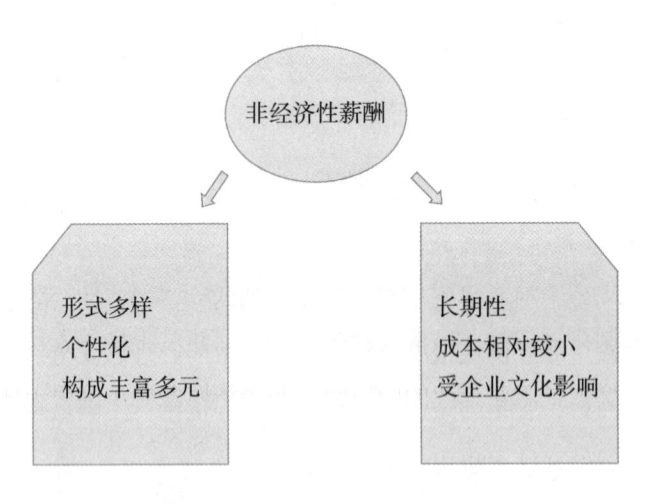

图 6-13　非经济性薪酬的特点

6.5.2 非经济性薪酬为什么必不可少

作为企业支付给员工的整体酬劳中的一部分，非经济性薪酬有着独特的价值，发挥着重要的作用。其必要性主要体现在以下两点（见图6-14）。

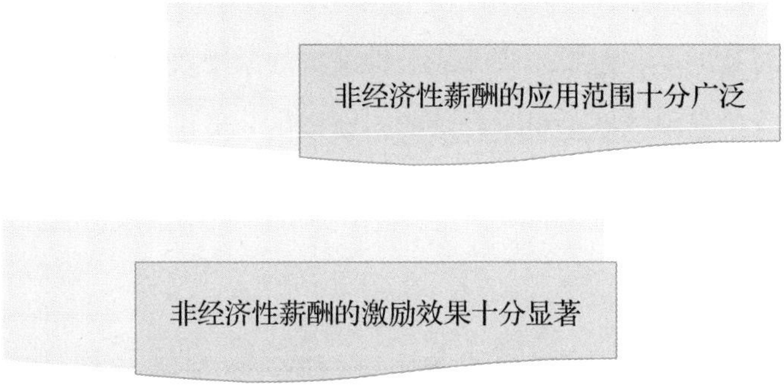

非经济性薪酬的应用范围十分广泛

非经济性薪酬的激励效果十分显著

图 6-14　非经济性薪酬为什么必不可少

第一，非经济性薪酬的应用范围十分广泛。在对员工进行奖励的时候，可采取非经济性薪酬，因为其形式多样，能满足员工的多样化需求，大大提高员工对这一类报酬的满意程度。企业也可以将非经济性薪酬运用到员工的成长规划中，比如组织各种技能培训，帮助员工提升工作技能，帮助员工确定发展目标，调整职业生涯规划等，总之，可根据不同员工的不同情况来制订具体的非经济性薪酬方案，促使员工将个人目标与企业目标相结合，增加员工对企业的归属感。非经济性薪酬还可用于优化员工工作环境，比如通过人性化的办公环境设计、升级办公用品、设定弹性办公时间等手段来减轻员工的工作压力，令员工工作起来更加舒适便利。

第二，非经济性薪酬的激励效果十分显著。在当前激烈的市场竞争下，优秀人才的重要性越来越突出，乃至成为企业发展的核心推动力，如何更好地激励员工、充分发挥人才的作用也成为企业管理的重点。而当各大企业的经济性薪酬变得越来越同质化的时候，非经济性薪酬却以其个性化、构成多元化等特点脱颖而出，成为企业激励机制中的重要组成部分。对于员工而言（尤其是知识型员工），非经济性薪酬所带来的影响虽然无形，却深入而长远，能促使员工积极努力地工作，共创企业未来。

需要注意的是，想要发挥非经济性薪酬的激励效果，首先要保证企业所设计的货币薪酬体系是科学合理的，在提供令员工满意的货币薪酬的基础上实施非经济性薪酬手段，才能发挥出显著的效果。

6.5.3　利用非经济性薪酬提高薪酬谈判胜算概率

很多求职者虽然看重企业所提供的经济性薪酬，比如月薪、年薪、奖金等，但同时也对工作环境是否舒适，工作内容是否具有挑战性、能否带来更多成就感和满足感等越来越重视，而这些都属于非经济性薪酬。

其实，非经济性薪酬原本就是整体薪酬的一部分，在经济性薪酬和非经济性薪酬的双重作用下，员工会以更饱满的热情投入工作中去。而在招聘阶段，非经济性薪酬也能成为吸引优秀人才加盟的有利条件。

尤其是在薪酬谈判过程中，招聘者没必要一直和求职者谈薪资，也可以运用企业提供的非经济性薪酬来为整个谈判提供更多筹码，具体可以这样做。

首先，向求职者强调整体薪酬的概念，运用整体薪酬去打动求职者，让求职者充分地意识到企业能提供的不仅是基本工资、绩效工资、加班奖金等经济性薪酬，还包括各种不以货币形式呈现的福利待遇，以此淡化求职者对经济性薪酬的关注度，提升对非经济性薪酬的关注和兴趣。

其次，等求职者接受了整体薪酬的概念的时候，招聘者可重点表述本企业能够提供的各种个性化的非经济性薪酬，比如职位晋升潜力、个人发展机遇、职业培训机会、办公用品补贴、节日慰问、带薪假等。

6.6 自助式薪酬的选择

自助式薪酬的概念由美国密歇根大学约翰·特鲁普曼（John E.Tropman）博士在其著作《薪酬方案——如何制定员工激励机制》一书中提出，它是一种交互式的薪酬管理模式，能够满足员工的高层次需求。

具体而言，自助式薪酬指的是企业根据不同员工的需求来拟定不同的薪酬组合方式，由每名员工自己去选择最适合自己的薪酬组合方式，这给予了员工更多的选择权和自主权。

在薪酬谈判中，招聘者可运用自助式薪酬来吸引中高端人才（研发人员、高管等）的注意。如果对方更注重事业，招聘者在为其制定的薪酬"菜单"中除了包含工资福利、股票期权外，还要着重强调非现金形式的岗位提升计划、职业技能培训、公司一般性事务的管理权等。如果求职者心态较为轻松，追求个人生活与工作的平衡，那么招聘者在为其制定的薪酬"菜单"中可包含弹性工作制、免费旅行奖励等。

求职者可以以招聘者提供的薪酬组合为蓝本，自由选择薪酬组合方式，或者提出其他特殊需求，只要在企业能够承受的范围内，就可以在薪酬问题上给予求职者更多的自主权，从而有效提高薪酬谈判的胜算概率。

以销售岗位的招聘为例，招聘者可以为求职者提供不同的薪酬组合方式（表6-1），给予求职者一定的薪酬选择自主权，求职者可以根据个人需要和企业薪酬制度的规定，在一定范围内选择薪酬组合方式。

表6-1 销售人员薪酬组合方式

薪酬形式	优点	缺点
纯薪金制（保底工资）	具有很强的保障性	收入下限低，激励性弱
纯佣金制（业务提成）	收入上限高，激励性强	收入变动幅度大，保障性低
纯奖金制	收入上限高，激励性强	收入变动幅度大，保障性低
薪金+佣金制（保底工资+业务提成）	具有一定保障性的同时增高了收入上限	无法带来更高的激励效果
薪金+奖金制（保底工资+奖金）	具有一定保障性的同时增高了收入上限	无法带来更高的激励效果
薪金+佣金+奖金制（保底工资+业务提成+奖金）	收入稳定且上限高，风险较低，激励效果强	一定程度上提升了管理费用

第 7 章

背景调查，检验人才

经过笔试、面试等各个环节，招聘人员对求职者的职业技能有了大致的了解，但想要识别一个人是具有真才实学还是夸夸其谈，就需要企业对求职者进行更深入的背景调查。

通过背景调查，企业对求职者的过去了解得更加深入、全面。经过背景调查的检验，企业可以降低招聘成本，规避用人风险，招聘到更可靠的人才，为企业稳定发展提供助力。

7.1 背景调查内容

一些企业觉得通过层层面试已经能够掌握求职者的信息,进行背景调查是多此一举,况且还需要花费额外的成本,因此对背景调查并不重视。但其实无论是大型企业还是中小型企业,对求职者进行背景调查都很有必要。如果求职者夸大自己的简历信息,虚构过往的求职经历,企业将这样的求职者招进来,必将给企业带来损失。

企业在进行背景调查时既要对求职者的基本信息进行核实,又要对其过往的求职经历进行调查,以全面了解求职者(见图7-1)。

基本信息　　过往经历

图7-1　背景调查的两大主要内容

首先，企业在进行基本信息核实时，须重点关注以下内容，并通过求职者提供的证书加以验证（见图7-2）。

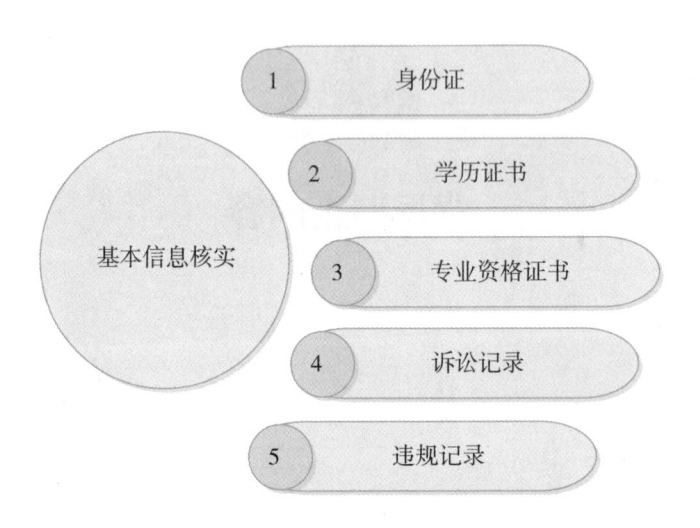

基本信息核实
1. 身份证
2. 学历证书
3. 专业资格证书
4. 诉讼记录
5. 违规记录

图7-2 背景调查须核实的基本信息

其次，企业还须了解求职者的过往工作经历，对一些关键信息（如任职时间、职位、工作表现等）进行核实，以此判断求职者的工作经历与招聘职位是否匹配。

再次，企业应进一步了解求职者的个人诚信以及人际关系，诚信是一个人的立身之本，而在之前的工作经历中具有良好人际关系的求职者往往能更快地适应新的工作环境和工作内容。

最后，企业需对求职者的离职原因进行分析，以判断求职者是否能够长久地胜任企业提供的职位。例如，如果求职者离开上一家企业的原因是加班太多，而本企业想要招聘的职位恰好需要赶进度，也要加班，则求职者可能无法胜任本企业提供的职位。

通过背景调查企业可以验证求职者提供的信息是否属实，还可以对求职者的过往进行深入的了解，以进一步判断求职者是否符合公司招聘的要求。

值得注意的是，企业在进行背景调查时需清楚证明人与求职者之间的关系，以确保证明人提供的信息具有高可信度。另外，企业在进行背景调查时需征得求职者的同意，同时不应对求职者还未离职的企业进行背景调查，以免损害求职者的利益。

[招贤纳士]

背景调查，让招聘多一重保障

W公司是一家新兴的研究人工智能产品的科技公司，该公司虽然规模小，但是凭借着一套自主研发的智能产品在市场上占得一席之地。

W公司为了扩大业务，打算聘请一名技术研发人员，工程师张某前来面试。在多轮面试过程中，张某侃侃而谈，对答如流，深得面试官的认可，由于公司急需启动新项目又对张某非常满意，因此并未进行背景调查，直接与其签订了劳动合同。

可是入职后才发现，张某只会纸上谈兵，并没有真正的项目经历，无法胜任公司布置的工作，而且多次迟到早退违反公司规定。如果企业继续与张某执行劳动合同，无疑会拖累所在部门，如果与其解除合同，企业还要支付额外的违约金。如果当初在招聘时企业就进行了背景调查，则能早早发现张某存在的诸多问题，就可以避免企业陷入如今两难的境地。

经过此次教训，W公司认识到背景调查在招聘中的重要性，在之后的招聘工作中，人力资源部都会对候选人进行背景调查，W公司招聘的员工再也没有出现不符合要求的情况。

7.2 背景调查方式与方法

对求职者进行背景调查的工作内容烦琐,掌握恰当的方式与方法能够让招聘部门开展背景调查时事半功倍,轻松应对。

7.2.1 开展背景调查的方式

对求职者开展背景调查一般通过电话调查、问卷调查、网络调查、委托调查四种方式进行(见图7-3)。

一次深入的背景调查可能要使用两到三种方式,之所以使用多种方式,是因为一种调查方式不够全面,而采用多种方式,不同的调查方式之间可以相互印证。

```
        01
      电话调查
04              02
委托调查         问卷调查
        03
      网络调查
```

图 7-3　背景调查的四种方式

◆ 电话调查

电话调查是最经济的一种调查方式,而且适用于几乎所有岗位,企业通过求职者预留的证明人联系方式进行调查几乎不需要任何经济成本。但采用这种方式也可能面临一些问题:一些求职者可能将亲友的电话登记为前同事的电话,这样企业就无法了解真实的信息,因此电话调查通常要配合其他调查方式一起进行。

企业通过电话接通求职者原单位的同事进行背景调查时,应保持礼貌,重点询问求职者在原单位的工作时间、职位以及绩效等关键信息,为了避免对方反感,电话调查的时间不宜过长,最好不超过 15 分钟。

◆ 问卷调查

问卷调查适合几乎所有的岗位。企业通过问卷调查的方式进行背景调查时需首先根据调查内容制作一份问卷,然后将问卷发送给证明人,证明人完成问卷后返回给企业,企业以此调查求职者的信息。

问卷调查采用书面形式，因此相比电话调查的方式，问卷调查所包含的信息更加全面，但时效性更低。采用问卷调查时需注意以下两点。

（1）为了使问卷调查得到高完成率，在进行问卷调查前应先咨询对方是否可接受问卷调查，并告知其大概需要花费的时间。

（2）问卷调查的问题设置要精简并便于证明人操作，如果问卷调查大多采用问答形式，则可能因为填写问卷需要花费太多时间而使证明人感到不耐烦。

◆ 网络调查

网络调查是指利用网络的力量调查求职者的背景信息，通过网络调查通常可以获取以下一些信息（见图7-4）。

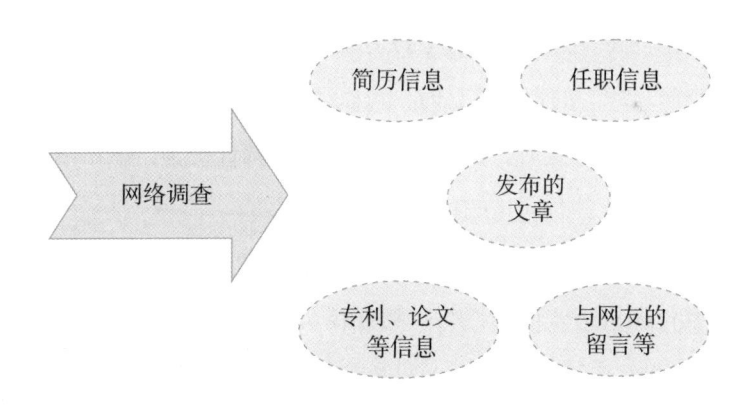

图7-4 网络调查获取的各种信息

企业使用网络调查时借助一些招聘网站可以验证求职者的过往信息。随着招聘网站的社交功能逐渐增强，用户简历的开放性越来越高，求职者过去任职的企业、职位等信息可以通过同一家企业的同事进行认证。

在网络上留下痕迹越多的人越适合网络调查，如果求职者在网上发布过较多的观点或文章，则可以通过这些信息全面了解求职者。

网络调查尤其适合一些知名人士，他们的岗位、业绩、专利、论文等信息通常都可直接在网上查到。网络调查还适用于某些专业技术岗位，一些资深技术爱好者酷爱在网络上分享自己的技术心得，通过他们的分享可以推测其技术能力。

网络调查具有成本低的优点，但是使用网络调查需要注意核实网络信息的真实性。

◆ 委托调查

市面上有专业从事背景调查工作的机构，这类机构可以出具求职者的详细背景资料报告。使用委托调查的方法获取的求职者背景资料全面、详细，但是通常费用比较高。因此，当招聘的岗位比较重要，本企业的人力资源部又无法准确查验求职者的背景信息时，可以考虑委托专业的背景调查机构。

采用委托调查方式时，需要择优选择背景调查机构，以影响力大、口碑好、开展相关业务时间长的机构为宜。

采用委托调查时，虽然背景调查机构很专业，但对于一些核心岗位，最好配合其他调查方式同时进行，相互核实，以免因某个环节的失误而给企业带来损失。

7.2.2　开展背景调查的注意事项

开展背景调查通常需要证明人的配合，采用合适的方法能够让背景调查进展得更加顺利（见图7-5）。

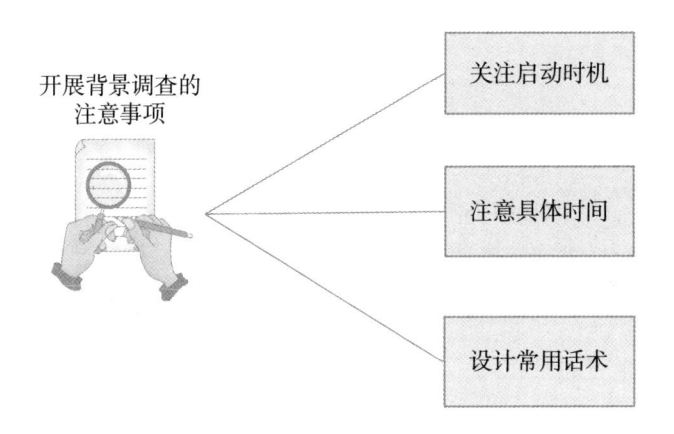

图 7-5　开展背景调查的注意事项

◆ 关注启动时机

背景调查在招聘的哪个环节启动更好呢？从广义上来讲，面试环节中的信息验证也算背景调查，从这个角度来说，背景调查贯穿了整个招聘环节。

其实，不同内容的背景调查其适宜的启动时机也不相同。学历证书、资格证书等内容核验相对简单，核验成本低，可以放在招聘前端（如面试之前）进行；岗位工作内容、个人能力等内容可以在面试过程中进行核实；求职者过往工作经历、业绩、个人品质等调查起来耗时较长，检验复杂、难度高，可以在面试过程中或面试结束后以及录用开始前进行。

背景调查在各个环节启动各有利弊。在招聘起始时启动，岗位候选人较多，背景调查工作量大；在面试结束后启动，如果岗位候选人有欺骗行为，则无形中增加了企业的招聘成本。

因此，企业在进行背景调查时需根据自身情况、岗位要求以及调查内容灵活地选择启动时机，从而实现招聘的高效化。

◆ 注意具体时间

当采用电话调查方式时，需注意进行背景调查的具体时间。一般而言，进行电话调查不宜在周末或节假日进行，因为这是证明人的个人时间，如果这时候进行背景调查可能会让证明人有抵触情绪。

证明人通常是求职者的前同事，因此进行背景调查时最好选择对方的工作时间。企业通常在周一上午有例会，周五下午有总结会，因此做背景调查时需避开这些时间。

一些企业在刚上班或者快下班的时候会比较忙，因此做背景调查时尽量选择证明人上班一小时后至下班一小时前的这段时间，并避开中午的休息时间。

总之，具体时间的选择要站在证明人的角度考虑，在其上班不忙的时间段进行背景调查。

◆ 设计常用话术

与证明人进行通话，实施背景调查时要循序渐进，先从简单的内容聊起，逐渐过渡到复杂的问题。

首先，要明确对方身份，并自报家门，告知其通话的目的。

其次，如果对方正忙，则与对方商量更换一个合适的时间。

最后，正式向对方核实求职者的过往履历以及其他问题。

招聘者可自行设计一些话术，在进行背景调查时使用，也可参考如下常用话术（见图7-6）。

第 7 章 背景调查，检验人才

您好，请问您是××先生/女士/企业人力资源部吗？这里是××企业的人力资源部，请问您现在方便接听电话吗？

如果对方正忙，没时间 →

那您什么时间方便？半小时后还是？

如果到了与对方约好的时间 →

我们收到一份在贵企业工作过的一位员工的简历，想跟您核实一下情况，大概耽误您两到三分钟的时间，您看可以吗？

如果对方愿意配合 →

具体询问证明人与求职者之间的关系，求职者的具体工作岗位、工作内容、工作业绩、离职原因等情况。

如果对方愿意配合

图 7-6　开展背景调查的常用话术

慧｜眼｜识｜人

信息来源渠道可以多样化

在做背景调查时除了通过电话、问卷、网络等方式了解求职者的过往经历，还可以通过以下一些渠道获取信息。

学校的毕业生推荐材料：该材料反映了求职者在学校期间的表现，可以从侧面印证求职者的学历信息。

原企业的工作证明材料：该材料反映了求职者的工作经历，可以与求职者的工作经历信息相互印证。

推荐人的推荐材料：该材料反映了推荐人对求职者的评价和认可，可以体现求职者的人际关系。

求职者的财务征信材料：该材料反映了求职者的个人诚信问题。

这些材料都可以反映求职者的部分经历信息，可以与以其他方式调查得来的信息相互验证，企业可以根据岗位的不同，灵活选择背景调查方式和信息来源渠道。

7.3 背景调查常见问题

在了解了背景调查的重要性和必要性后,很多企业开始重视并开展背景调查工作,但是在进行背景调查时仍可能存在疑问和问题,现在就一一帮你解决。

7.3.1 背景调查违法吗

进行背景调查可以避免企业聘用不符合要求的员工,为企业减少损失,越来越多的企业开始重视背景调查的工作,但仍有一些人心存疑虑:背景调查违法吗?

背景调查并不违法。《中华人民共和国劳动合同法》在第八条中明确规定,用人单位进行招聘时,有权了解与劳动合同相关的劳动者的基本情况，如求职者的学历、工作经历、工作业绩等，因此做这些背景调查是合法的。

7.3.2　背景调查需要征得求职者的同意吗

一些企业在进行背景调查时未征得求职者的同意就私自进行调查，这违背了求职者的意愿，不但会遭到当事人反感，还会影响企业的品牌形象，严重地可能还会被当事人控诉侵犯个人隐私。即使企业调查到了一些信息，也会影响求职者对企业的好感，实在是得不偿失。因此，企业在进行背景调查时切莫跨越法律边界，在征得求职者同意后再进行背景调查。

其实，大部分求职者都能够理解和接受背景调查，如果求职者不同意背景调查，则企业直接放弃该求职者即可。

7.3.3　背景调查可以在录用通知发放之后进行吗

录用通知一旦发放，求职者签字之后，合同就具有法律效力，如果在录用通知发放之后进行背景调查，一旦发现问题，可能会与求职者产生合同纠纷，处理起来更加麻烦，因此背景调查一定要在录用通知发放之前进行。

在录用通知发放之前进行背景调查能为招聘方提供一重保障，避免企业因招到不符合条件的员工而遭受损失。

7.3.4 基层员工有必要做背景调查吗

一些企业往往针对核心或重要岗位进行背景调查，而对于基层员工，则认为没有做背景调查的必要。毕竟，做背景调查需要花费时间、精力和金钱，基层员工数量庞大，对每个人都做背景调查成本较高。

核心岗位的员工固然重要，但是基层员工人数多、人员杂，如果不做背景调查，与企业价值观不合的员工可能也会给企业带来不可估量的负面影响。因此，如果条件允许，企业也应对基层员工进行背景调查，当然，基层员工的背景调查无需像核心员工那样深入，简单地了解其过往经历即可。

7.3.5 老员工有必要做背景调查吗

大部分人都认为，背景调查是针对未入职的求职者的，但其实对已入职的老员工也有必要做背景调查。

老员工对公司的规章制度、工作流程都已经十分熟悉，因此企业常常忽略对老员工的背景调查，也正是因为这样，老员工可能会犯下更严重的错误。

与求职者的背景调查内容不同，企业针对老员工需重点调查以下信息：工作态度、工作表现、工作习惯、个人品德、人际关系等，通过了解员工在工作中方方面面的表现，可以防微杜渐，将可能发生的问题扼杀在萌芽状态。

7.3.6　做背景调查时对方不配合怎么办

配合背景调查对证明人不仅没有直接的益处，还会占用自己的工作时间，因此人力资源部在进行背景调查时常常遇到证明人不配合的情况，那么应该如何应对对方的不配合呢？

首先，人力资源部应做好准备工作。

在进行背景调查时，可以请求职者多预留几个证明人的联系方式，然后对证明人进行筛选，优先选择配合度可能更高的证明人，例如与求职者曾在同一家企业任职但现已离职的同事。

其次，打消证明人的顾虑。

证明人不愿意配合背景调查背后都有一定的原因，人力资源部在进行此项工作时，需注意沟通技巧，了解背后的原因，并打消对方的顾虑。比如，如果证明人担心背景调查会得罪求职者，则企业需表明会在沟通时对敏感信息保密。

最后，适当增加调查成本。

做背景调查时如果证明人不配合，而求职者应聘的又是核心、重要的岗位，那么就要花费资金委托专业的公司对求职者进行全面的背景调查。通过这种方式，企业可以获得一份详细、全面的求职者背景调查报告，减少招入不合格员工的风险。

7.4 面试结果通知

面试结束后，招聘工作告一段落，接下来，招聘者就要发放面试结果通知，其中也隐藏着很多技巧和注意事项，掌握这些细节能够让面试结果通知发放得更加顺利。

7.4.1 面试结果通知方式

面试结束后，人力资源部需对拟录用的求职者进行面试结果通知。面试结果通知可采用如下三种方式（见图7-7）。

◆ 电话通知

电话沟通互动性更强，沟通效果远远好于文字沟通，因此使用电话告知面试结果是常用的通知方式。

面试结果通知方式

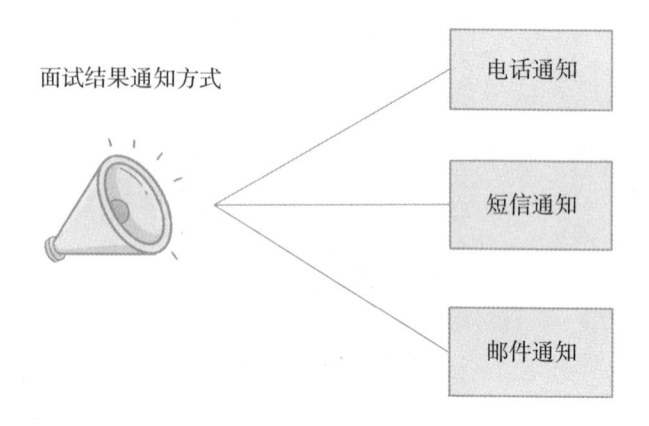

- 电话通知
- 短信通知
- 邮件通知

图 7-7　三种面试结果通知方式

使用电话通知时，接通电话后需要首先声明自己所代表的企业，以免求职者同时参加多家企业的面试而产生混淆，招聘者在进行通话前最好将通知的内容列出来，以免通话时遗忘。

◆ 短信通知

一些企业对招聘流程有严格的规定，对于任何环节都需要留下文字信息，因此这类企业通常使用短信进行面试结果通知。

一些大型企业具有自己的招聘系统，招聘者在系统中可直接将面试结果以短信的方式发送给求职者。除此之外，一些招聘网站也支持通过后台直接向求职者发送短信通知，如"猎聘""boss 直聘"等网站。

◆ 邮件通知

邮件同样是常用的通知方式，邮件与短信一样都可留下文字信息，但相比于短信，邮件的内容可以更长，包含的信息也更多。一些人为了避免被打扰，会拒绝接收陌生号码的电话或短信，这可能会导致他们错过通知信息，但是使用邮件则可以避免出现类似问题。

为了确保拟录用者能够接收到通知，可以同时采用多种通知方式，如既进行电话通知，也发送邮件通知。

需要注意的是，针对未被录用的求职者最好也进行通知，虽然这会增加人力资源部的工作量，却能获得求职者的好感，为企业将来吸引人才积攒口碑。

7.4.2　录用通知书的发放流程

待录用人员确定后，招聘者就需要着手发放录用通知书，通知录用者具体的入职时间以及其他注意事项。完整的录用通知书发放通常需要经历以下几个流程（见图7-8）。

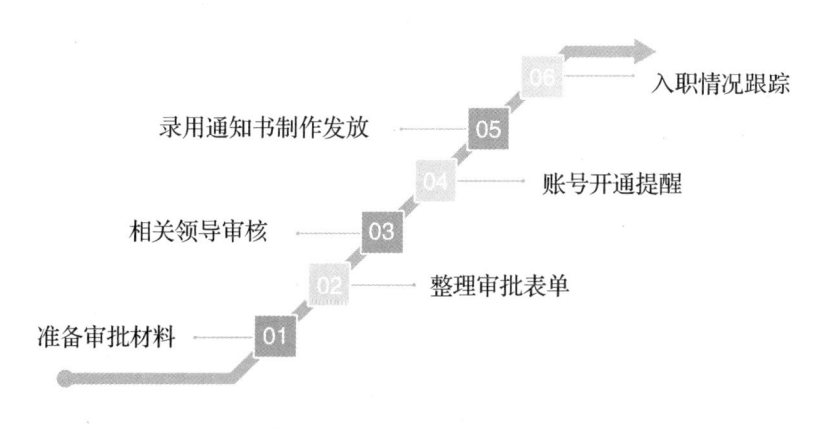

图7-8　录用通知发放流程

◆ 准备审批材料

在报审前，人力资源部需备齐审批材料，审批材料通常包括简历、面试登记表与面试评价表，一些企业的某些岗位可能还包含笔试试题、心理测试和学历验证等。

◆ 整理审批表单

审批材料备齐后，人力资源部还需要将拟录用的人员信息整理成审批表单，审批表单通常包含录用部门、拟入职岗位、拟入职人员基本信息（如姓名、年龄、毕业院校等）、预计入职时间等，建立审批表单可以让领导快速获取拟录用人员的关键信息，同时也为之后开通企业内部账号提供便利。

◆ 相关领导审核

审批表制作完成后，按顺序附上拟录用人员的相关资料，即可提交给相关领导审核并签字。

不同的企业审核流程有所不同，如果需要多个领导签字，则需要层层上报领导审批。

◆ 账号开通提醒

一些大型企业的员工具有多个企业内部账号，如企业邮箱账号、相关系统操作账号等，待领导审核完毕后，人力资源部需将拟录取人员的信息汇总成表单，提交给各类账号的操作人员，为以后开通内部账号做好准备。

◆ 录用通知书制作发放

各个企业通常都有录用通知书模板，人力资源部只需将拟录用者的具体信息（如姓名、岗位、薪资、报到时间等）填入，即可通过电子邮件的方式发放电子录用通知书。

新入职人员报到时通常需要携带相关证明资料，不同的岗位需要携带的资料可能略有不同，人力资源部在制作录用通知书时需特别注明。

◆ 入职情况跟踪

发放录用通知书并不意味着招聘工作结束了，在录用通知发放之后，员工正式入职之前，一切都还有变数，待入职人员可能由于邮箱设置问题并未收到录用通知的邮件，也可能因为其他原因导致无法入职，因此招聘者还需要与待入职人员保持联络，进行入职情况跟踪，如果其无法按时入职，还需要着手重新启动招聘程序。

7.4.3　发送录用通知书的注意事项

录用通知书是企业与求职者之间的契约文件，发放录用通知书看似简单，但其中也有一些技巧，掌握这些技巧能够为企业减少隐患，避免不必要的纠纷，具体来说，需注意以下几点。

◆ 发放录用通知书不是必需的环节

发放录用通知书需要耗费时间和人力成本。其实，发放录用通知书并不是必需的，有时可以直接以电话或短信的形式通知录取人员到公司报到，但以下两种情况通常需要发放录用通知书。

其一，求职者强烈要求企业为其发放录用通知书。

其二，一些重要的核心岗位最好发放录用通知书，以显示对求职者的重视和企业真诚的态度。

◆ 录用通知书的发放既可在体检之前，也可在体检之后

体检符合企业要求后再发放录用通知书是大部分企业的做法，但如果企业急需用人，想要加快招聘进度，也可在求职者体检之前发放录用通知书，这时只需在录用通知书中添加"如果体检不符合录用条件，则公司不予录用"条款即可。

◆ 可以撤回已经发放的录用通知书

当企业遇到特殊情况，岗位不再需要额外人才，但录用通知已经发放，这时企业该怎么办才能减少损失呢？其实只要满足以下任意一个条件，企业就可以将已经发放的录用通知书撤回（见图7-9）。

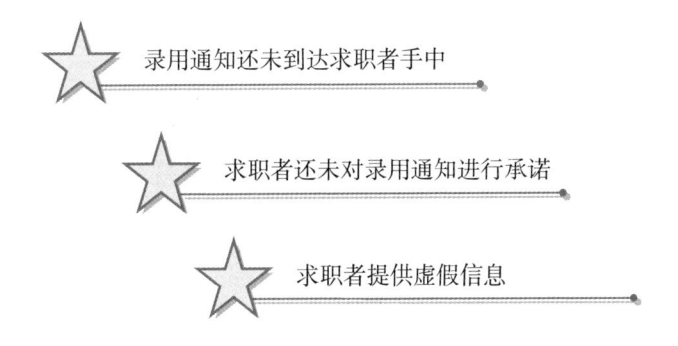

- 录用通知还未到达求职者手中
- 求职者还未对录用通知进行承诺
- 求职者提供虚假信息

图 7-9　撤回录用通知书的条件

◆ **录用通知书发放后，主动权就掌握在求职者手中**

录用通知书发放后，就表示企业愿意与求职者签订合约，如果求职者在录用通知书上签字，录用通知即生效，如果企业违约就需要承担相应的法律责任。但如果求职者签字后却未到公司报到，求职者不需要承担任何法律责任，从这个角度来讲，录用通知书发放后，主动权就掌握在求职者手中，因此企业在求职者入职前要与其时常保持联络，确保求职者按时入职。

◆ **录用通知书上可以注明有效期**

由于录用通知书发放后，主动权就落在了求职者手中，企业为了保护自身的权益，可以在录用通知书上注明有效期，如果求职者未在规定的时间内到企业报到则录用通知书自动失效。

◆ 发送录用通知书时体现企业信息

在录用通知书中可以添加企业 logo 或企业水印，这样可以显得企业更加正规，发送录用通知书的沟通账号最好也能体现企业信息，如使用企业邮箱账号，而非个人邮箱账号。

◆ 附加发送其他相关文件

在发放录用通知书的同时，可以附加发送企业的员工手册、规章制度、入职前的学习资料等，这样既可以让求职者提前了解企业的相关情况，又可以提升企业的品牌形象。

掌握了以上事项，就可以避免企业在发放录用通知书时处于被动局面，从而更大限度地保护企业的利益。

第8章

不同类型的人才，招聘策略大不同

企业基层人才、中高层管理人才、销售人才、技术人才等不同类型的人才分布在企业不同的岗位上，共同促进了企业的和谐运转和蓬勃发展。

　　不同类型的人才有着不同的需求和特征，招聘策略也大不同。掌握了这些招聘策略，才能确保企业招聘流程的通畅，提高招聘效率。

8.1 基层人才的招聘策略

基层人才是企业发展的基石，缺少基层人才力量，企业便失去了正常运转的动力。制订科学的基层人才招聘计划，采取更有效的招聘策略，能帮助企业更快地招揽到优秀的基层人才，推动企业的持续发展。

8.1.1 基层人才的特点及需求

很多企业的基层岗位都面临着招聘难、人员流动性高、凝聚力不强等难题，然而，基层员工在企业发展过程中发挥着重要的作用。

"知人"才能"善任"，而准确"知人"也是招聘工作中的关键环节。想要吸引更多优秀基层人才的加盟、加强其入职后的归属感，首先要掌握基层人才的特点及需求，有针对性地列出种种招聘措施，这除了能完善基层人才的招聘策略外，也能帮助面试官在面试过程中掌握主动权。

具体而言，企业基层员工常年奋战在业务一线，而基层人才作为基层员工中的佼佼者，一般有着更出色的业务表现，堪称业务王牌军。

另外，企业基层人才一般很少参与企业整体战略规划的制订，属于执行类人才。平日在工作岗位上，他们按部就班地执行着上层下达的项目计划，为企业发展目标而努力。

除了相匹配的薪资福利外，企业基层人才的需求大致聚焦于尊重感、信任感、职业技能培训、职业晋升等一系列指标上。具体而言，这些指标可被总结为两点：被及时肯定的价值感需求和长远发展的规划性需求（见图8-1）。

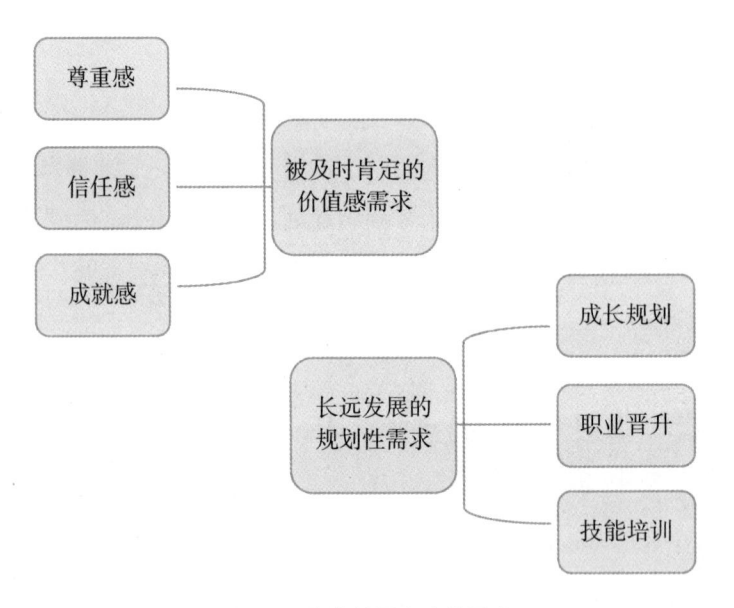

图8-1 企业基层人才的需求

在具体招聘过程中，为了吸引优秀基层人才的加盟，面试官可根据企业基层人才的特点和需求去设计问题，重点介绍企业这方面的优势条件，以激发面试者的兴趣。

8.1.2 基层人才的招聘要点

一般情况下，企业的基层员工在企业的人才体系中占据着最大的比例，基层人才对企业发展有着不可忽视的作用。正因如此，企业方才要更加重视基层人才的招聘工作，厘清基层人才的招聘要点。

◆ 选择合适的招聘渠道

想要源源不断地招揽到合适的、优秀的基层人才加盟企业，就要在明确招聘岗位特点及要求的基础上选择合适的招聘渠道，如此才能事半功倍。企业基层人才的招聘渠道一般聚焦于综合招聘网站、校园招聘、专场招聘会这几方面（见图8-2）。

图 8-2　企业基层人才的招聘渠道

首先，应聚焦于综合招聘网站。企业的基层岗位对员工的专业程度要求没有那么高，工作经验要求也不会很苛刻，可选择"智联招聘""前程无忧""中华英才网"等网站招聘新员工，一般在这些网站上应聘的初级人才较多。为了吸引优秀人才的注意，面试官要在岗位介绍、邀约话术等方面多花功夫，不断进行优化。另外，面试官平时要注意勤筛简历，见到合适的人选就及时下载简历，并在合适的时候主动联系应聘者。

其次，应聚焦于校园招聘。很多企业都积极参加各大高校的春招和秋招，为企业基层岗位招聘合适的人才。虽然应届毕业生往往社会经验不足，但同时也拥有巨大的潜力，容易培养，管理起来也较为方便。

最后，还要聚焦于专场招聘会。很多地区都会定期举办一些专场招聘会，企业方可多加留意，遇到合适的招聘会就积极参加。参加之前要做好准备，比如将招聘启事、相关证件材料、宣传广告、应聘表格等备齐，以便从容开展招聘工作。

◆ 面试中的考察要素和测评方法

一般企业在招聘基层人才的时候会采取选聘的基本策略，即根据筛选后的简历去邀请求职者来面试，再根据求职者的面试表现和能力测评结果来选择最合适的人才。在面试过程中，针对基层人才的特点和基层岗位的性质，具体的考察要素有职业技能（如各种设施、设备的实操能力，办公软件应用技能等）、工作经验、个性（如活泼开朗、内向谨慎、随和、适应力强等）、职业价值观（如注重结果的实用型、注重精神满足的信仰型、具有一定的艺术鉴赏力和创新意识的审美型等）。

而对于基层人才的测评方法主要有材料分析、综合面试考评、测验法等。其中，材料分析是指针对应聘者提供的简历、证书及企业内部所做的职前背景调查等材料进行分析；综合面试考评是指根据不同应聘者的面试表现进行综合比较与分析；测验法包括笔试、工作取样测试、心理测试等（见图 8-3）。

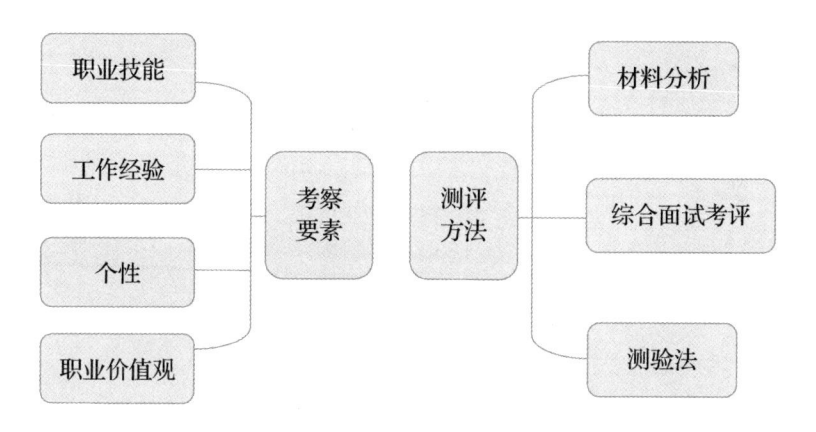

图 8-3　企业基层人才的考察要素和测评方法

慧|眼|识|人

企业基层岗位的招聘难点

在现实生活中，很多企业在基层岗位的招聘中遭遇诸多难点，具体体现在以下两个方面。

第一，收到的简历数量较少。如果招聘负责人在招聘信息发布后收到的简历数量低于预期，招聘负责人可先注意观察相关网站上企业招聘页面的浏览记录，如果浏览量较低，可考虑做一些广告投放，增加招聘信息的曝光度。同时拓宽招聘的渠道，优化招聘信息。

第二，面试到场率低。接到面试邀请的求职者不来参与面试有着多种多样的原因，为了增强面试到场率，招聘负责人可以在面试邀请函上多下点功夫，比如简单介绍企业的实力、发展潜力，招聘岗位的亮点等，以增强求职者的兴趣。如果是电话邀约，也可以简单介绍一下企业优势等。

8.2 中层管理人才的招聘策略

中层管理者在企业的发展中扮演着不可替代的角色。那么，企业应该如何寻找、甄选优秀的中层管理人才？如何完善中层管理人才的招聘策略？

想要解决这些问题，就要进行中层管理岗位特性分析，完善岗位分析说明书，并掌握提升中层管理人才招聘有效性的方法。

8.2.1 中层管理岗位特性分析

在企业的组织架构中，中层管理岗位向上承接决策层，向下连接执行层，位于企业的枢纽位置（见图 8-4）。

招聘之道，让人才选拔更精准

图 8-4　中层管理岗位的特性

具体而言，中层管理人员一般是企业分部经理、部门主管等，负责将企业高层管理者下达的决策或任务分派给基层执行者，同时负责协调和控制项目、任务等的完成进度，横向综合各种资源，帮助解决基层执行者的的工作难题，确保各项工作任务得以顺利完成。而在这一过程中，中层管理者也有义务将基层员工的意见和要求上传至决策层，尽心尽责地扮演好企业中层枢纽的角色。

企业人力资源部负责人或具体的招聘人员只有先充分了解中层管理岗位的特性，才能逐步完善岗位分析说明书，明确该岗位需要怎样的人才，缩小候选人的范围，这样才能有效提高招聘工作的效率。

8.2.2　提升中层管理人才招聘有效性的方法

中层管理人才的招聘是企业招聘工作的难点之一，也是人力资源负责人关注的重点。对于中层管理人才的能力维度和职业素养的考察应从综合角度出发,招聘方式也要更加高效、更具有针对性。

那么,如何提升中层管理人才招聘的有效性呢?具体可参考如下方法。

第一,招聘渠道选择。同基层人才的招聘不同的是,中层管理人才的招聘渠道不只局限于企业外部招聘,还可以在企业内部实行竞聘。外部招聘包括网络招聘、中高级人才专场招聘会、猎头招聘等,内部招聘包括公开竞聘、内部推荐/自荐、内部轮岗等。企业需拓宽招聘渠道,吸引更多优秀、有潜力的人才加盟,充实企业中层管理人才队伍。

第二,组建一支实力过硬的面试队伍。千里马之所以能够脱颖而出,在于伯乐的"慧眼识珠"。由于中层管理岗位的技能要求较高,对应聘者的综合素质要求也较高,如果面试官自身素质不过关,则难担重任,很容易在人才的甄选上犯错。因此,有必要组建一支高素质的面试队伍去全方面地考察应聘者的能力维度。具体可由经验丰富的人力资源部的负责人和招聘岗位的高层管理者及外聘专家等组成(见图8-5)。

人力资源部门的负责人	→	考察应聘者个性、职业价值观等综合素质
招聘岗位的高层管理者	→	考察应聘者岗位胜任度及专业技能
外聘的人才招募专家	→	考察应聘者的逻辑思维、领导调度等其他能力

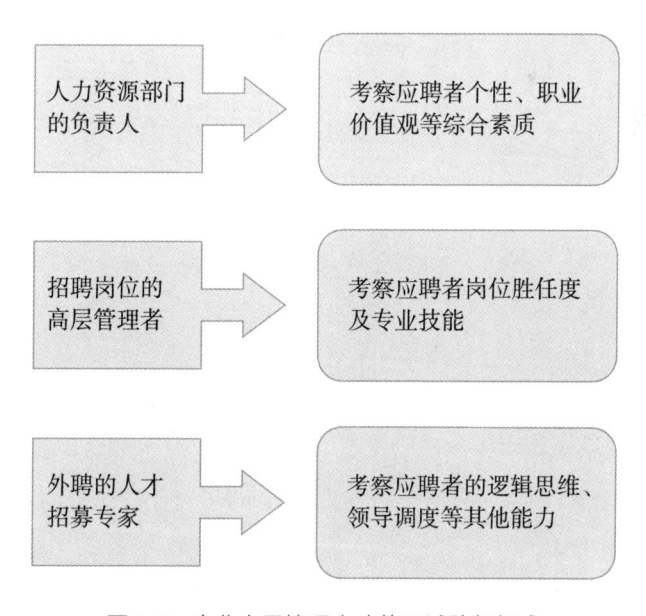

图 8-5 企业中层管理人才的面试队伍组成

第三，选择科学的面试工具。中层管理岗位的招聘侧重于考察应聘者的管理素养及能力（包括这方面的潜力），可选择的面试工具有行为模仿训练（设定具体的情境，由应聘者扮演中层管理者的角色来解决问题）、无领导小组讨论（考察应聘者的交流能力、团队协调能力）等。如果是技术型的中层管理岗位的招聘，还要在面试时加入"实战演练"的环节，考察应聘者的实操技能掌握程度。

8.3 高层管理人才的招聘策略

高层管理人才是企业的核心团队成员，他们或可独当一面，独立负责专项业务，或有超强的管理能力和带动力，能够提升企业员工的工作动力和凝聚力，因此对高层管理人才的招聘工作需格外重视。

8.3.1 高层管理人才的特点与分类

高层管理人才是企业的中流砥柱，对企业的发展有着十分重要的作用。高层管理人才在企业从事经营管理，因此高层管理者应具有管理相关的知识和技能，能够进行创造性劳动，并为企业发展提供助力。

从决策权限划分，高层管理者可以划分为以下三种人才（见图 8-6）。

```
         董事人才

            高层经理人才

                 经营管理专业人才
```

图 8-6　高层管理人才

董事人才包括董事长、其他董事等。这类人才主导着企业的经营方向，对企业的投资、市场策略、企业目标等进行规划和决策，同时对企业的一些重大政策的制定、重大人事调整等具有决定作用。

高层经理人才包括总经理、总工程师等。高层经理人才对上按照董事会制定的决策执行日常经营和管理，对下在职责和权限范围内制定中短期发展目标，并对企业的一些经营事项进行决策。

一些大型企业聘请专业的资深经营管理人才来进行资本运作或进行战略研究、市场营销研究，这些人员的研究成果为董事会的决策提供依据，对企业的发展起着至关重要的作用，因此也是企业的高层管理人才。

8.3.2　高层管理人才面试考察的重点

优秀的高层管理人才能够带领企业突破现状，创造佳绩，引领企业快速发展，如果招收的人才不符合企业的发展策略，无疑会给企业带来不小的损失。因此，对高层管理人才的招聘需要格外慎重，对高层管理人才考察的维度应更加全面，重点需考察以下几点。

◆ 专业资本

高层管理者往往都是从基层做起，一步步晋升成为高层管理者的，他们经过多年的锻炼，积累了丰富的专业技能和经验，这些技能和经验为高层管理者实施管理提供了基础，因此在招聘高层管理人才时，首先要考察求职者的专业资本，重点考察以下两个方面（见图8-7）。

专业知识、技能
经验、能力

业务统筹与规划
能力

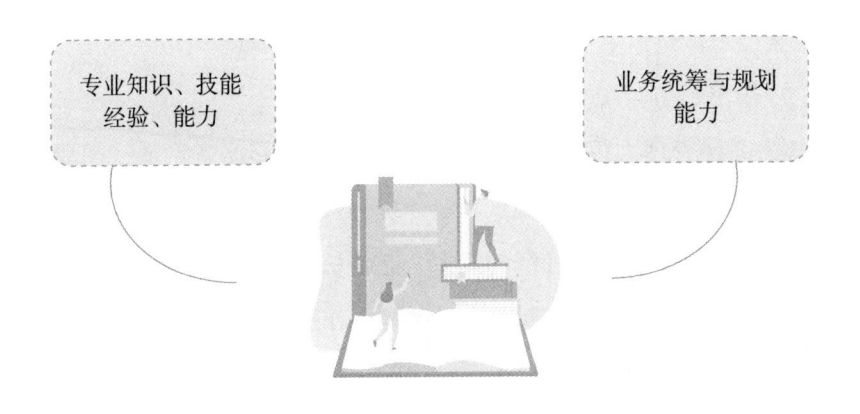

图8-7　专业资本的考察方向

（1）专业知识与技能等

高层管理人员不同于高级技工，单单掌握技术是远远不够的，因此在考察高层管理人才的专业知识与技能时，除了要查验技能本身，还要判断其是否具有专业指导能力，从面试过程中考查其培养下属、搭建和带领团队的能力。具体面试时，可以采用以下一些方法。

首先，分解工作任务。

面试时，根据求职者的岗位，布置一项具体的工作任务，求职者需将工作任务进行合理分解，并说出具体思路和理由，以此考察求职者分析问题、处理问题的方法和能力。比如招聘招商经理时，可以提出问题"如果需要完成一项招商任务，你会分几个步骤进行？每一步具体怎么操作？"从求职者的回答中可以探察其解决问题的能力，并判断其是否可充分利用资源，能否与团队协同合作。

其次，设定挑战性任务。

挑战性任务可以让求职者发挥创意，通过这种方式能够考察求职者的创新能力与解决问题思路。

比如作为市场经理，如果要求在一个月时间内，让用户在线数量提升10%，你会怎样做？

（2）业务统筹与规划能力

作为高层管理人员，具备专业的知识和技能是必备素质，想要带领团队，引领企业发展，还需要具有业务统筹与规划能力。这就要求高层管理者具备融会贯通和归纳演绎的能力，能够从大局出发，灵活运用专业技能，发挥自身优势，合理安排、处理各项工作事宜，实现工作内容的高效串联与并联。

为了考察候选人的业务统筹与规划能力，可以准备相关案例，候选人通过阅读案例，分析企业所面临的问题，并提出解决方案。

◆ 人脉资本

高层管理人才是企业的领头羊，优秀的高层管理者需具有人脉资本，即能够营造稳定人心、凝聚力量、活跃企业的工作氛围，发挥每一个员工的优势。高层管理人员利用人脉资本对内实现人才的有效激励，对外整合社会资源，让企业和个人均实现利益最大化。人脉资本主要包含团队激励和资源整合两方面内容（见图8-8）。

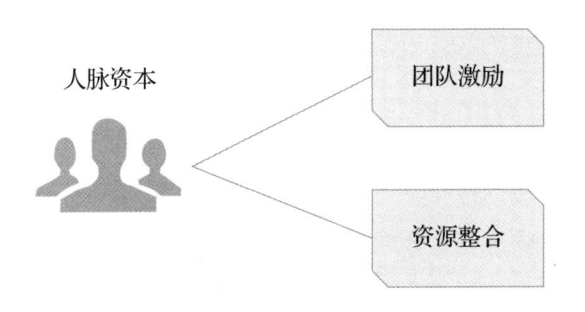

图 8-8　人脉资本包含的内容

面试时，可以具体询问求职者以前进行团队激励以及资源整合的经历。

◆ 时间管理

高效的时间管理能够大大提高工作效率，作为高层管理人才，企业内部事务繁多，如果样样事情都亲力亲为时间必定不够用，合理分配自己的时间是高层管理人才必备的技能。

企业对高层管理人才的定位是助力企业发展，因此高层管理人才应将大部分时间聚焦在企业发展相关的问题上，而将少部分时间用于解决企业当下的问题，在面试时，也应以此为原则考察求职者的时间管理策略。

◆ 合作偏好

企业的发展离不开团队的协作，团队内部成员性格相投、配合默契能够组建一支凝聚力强、锐不可当的队伍，招聘高层管理人才，更要了解求职者的合作偏好，考察其是否能够适应目前团队的合作模式。

◆ 其他能力

通过面试考察高层管理人才的方方面面不是一件容易的事，对此，在面试时可以使用连续提问的技巧来考察求职者的多项能力。

连续提问是指面试官在提问时一次性提出两到三个关联性问题，这样提问能够考察求职者的多种能力：求职者需要利用记忆力记住这些问题，利用逻辑思维能力分解这些问题，利用归纳演绎能力分析解决这些问题，最后利用语言组织能力将思考结果表达出来。

8.4 销售人才的招聘策略

销售人才是销售型企业的核心人才，但是销售人才流动性大，导致销售人才的招聘工作量大、难度高，掌握一定的招聘策略，可以让人事部门在招聘销售人才时更加从容高效。

8.4.1 认识销售人员与销售岗位

销售人员将企业生产的产品或服务销售给消费者，是企业最前线的职员，是连接企业与市场的桥梁，销售人员的业绩直接影响着企业的营收和利润，在某些企业，销售人员就是企业生存的命脉。

不同企业的销售岗位呈现出工作时间自由、灵活、多样性、波动性等不同特点，但它们都有一个共同特点就是考核压力大，因此销售人员流动较为频繁，各个行业的销售岗位都是招聘榜上排在前列的热招岗位，销售人员的招聘工作也是企业招聘工作的重点。

8.4.2 销售人才的招聘策略

销售人才流动性大，招聘难度高，那么如何才能顺利招聘到合适的销售人才呢？

◆ 挖掘同行业的销售人才

相对于培养新人，招聘或挖掘同行业的销售人才几乎无须付出培训成本就能够在短时间内为企业创造价值，这能够减少招聘失败的概率，提高招聘的成功率。

同行业的销售人才具有以下优势（见图8-9）。

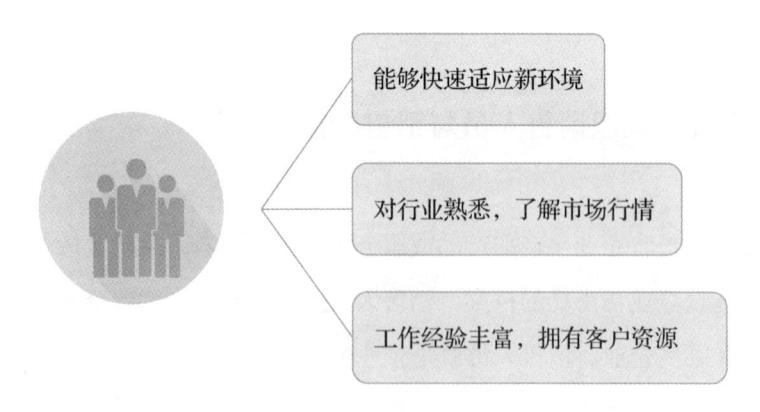

图8-9 同行业销售人才的优势

- 能够快速适应新环境
- 对行业熟悉，了解市场行情
- 工作经验丰富，拥有客户资源

◆ 锁定凝聚力强的销售领导

一些销售领导具有很强的凝聚力，其不仅具有出色的工作能力，还具有突出的个人魅力，这样的领导带领的团队通常比较稳定。员工长时间跟随这样的领导，习惯了领导的工作方式，如果领导更换了企业，员工也常常愿意一起跳槽。因此，在招聘时锁定凝聚力强的销售领导，就能同时吸引多名销售人才，这能够大大提高招聘效率。

锁定销售领导的方式是一把双刃剑，销售领导虽然能够吸引多名销售人才，但当其离职时，也可能造成多人一起离职，因此在招聘时要同时考虑多种因素，妥善运用此种方式。

◆ 合理规划薪酬，提高绩效工资占比

销售人员的薪酬常常使用基本工资加绩效工资的方式，绩效工资与销售人员的业绩正相关，其实就是销售人员的"提成"。在设计销售人员的薪酬时，可以适当提高绩效工资，即提高"提成"，这样能够吸引优秀的销售人员，并提升销售人员的工作动力。

8.4.3 销售人才的面试技巧

面试是招聘过程中深入了解求职者的重要环节，想要招聘到优秀的销售人才，就要在面试时有针对性地提出问题，根据求职者的回答分析求职者的工作能力，从而筛选出合格、优秀的销售人才。

◆ 询问业绩成果

业绩能最直接地反映出销售人才的个人能力，因此在面试时首先要询问求职者的业绩成果。

在招聘高级销售人才时，求职者没有亮眼的业绩成果，可以直接考虑不予录取。在招聘基础销售人才时，如果求职者没有良好的业绩成果，则要考察导致这个结果的原因，如果是求职者自身能力的问题，则考虑不予录取。

◆ 分析业绩结果

如果求职者有亮眼的业绩成果，面试官还需要进一步对业绩成果进行分析，判断业绩成果是不是由求职者依靠自身能力所获得的。例如，一些大型企业的成熟区域，客户相对稳定，品牌具有一定的知名度，销售总经理只需维护好现有客户就可取得不错的业绩成果，但这并不代表其能力突出。因此，针对求职者的业绩，面试官还需要进一步考虑业绩增长率。

◆ 注重取得业绩的过程

业绩能反映求职者一段时间的工作成果，为了验证求职者信息的准确性，面试官还需要关注其取得业绩的过程，具体面试时，可以从"背景""任务""行动""结果"四个维度对求职者进行提问，并针对求职者主导的任务环节询问关键细节问题。

◆ 提出假设性问题

销售人员面对的问题都有很大的随机性,这就要求销售人员需要有敏捷的思维能力和随机应变能力,因此在面试时,可以提出一些假设性的开放问题来考察求职者的能力,例如"如果让你去开发××市场,你准备如何做?"

8.5 技术人才的招聘策略

技术型人才的招聘难度较大,需要人事部门对相关技术、知识有所了解,这样才能招聘到合适的人才。

8.5.1 技术型人才的特征

技术型人才通常处在科研型企业内的一线岗位上,对企业的发展具有重要作用。如果技术型人才大量缺失,就可能会影响到企业的正常运转。

企业想要招聘到优质的技术型人才,首先要了解技术型人才的一般特征,这样才能对症下药,促成招聘的成功。

技术型人才的专业技术水平很高。技术型人才往往在某一领域非常优秀,其职业发展具有单一性,且对职业的依赖性较强。如软件工程师、高级技工等,这些都属于技术型人才,都能够凭借自己的一技之长在职场立足。技术型人才的实用价值很高，在企业内具有不可替代性。

技术型人才更注重经验积累。相比于知识的学习，经验的积累对技术型人才来说更为重要。技术型人才大多是在反复的实践中获得经验，在经验教训中不断锻炼、提高技能，从而成为优秀人才的。因此，招聘技术型人才应当注重技术水平的考察，不能只局限于专业知识的掌握。

技术型人才有明确的等级划分，主要分为初级、中级和高级，不同的技能等级会有不同的资格证，如高级技师需要取得高级技师职业资格证。等级越高的技师具备的技术水平越高，数量就越少。企业可以根据职位的需求，选择合适的人才。如果职位对技术水平的要求很高，那就需要招聘中级或高级技师。

技术型人才在短时间内不会有过大的发展变化。技术的进步需要一定的经验积累，需要长时间的培养和训练，很难在一朝一夕内有明显提升。因此，技术型人才的发展可能会有些缓慢，企业要耐心培养，为技术型人才提供广阔的发展空间。

8.5.2 技术型人才的招聘方式

技术型人才的招聘方式要根据其特点来决定，这样才能制定出最适合的招聘策略（见图 8-10）。

企业对技术型人才的招聘要注重实用性。相比于对书本知识的掌握，技术型人才专业技能的应用能力更为重要。所以，企业在招聘技术型人才时，不能仅仅停留在知识考察的层面，还应关注到具体的技能应用。

招聘之道，让人才选拔更精准

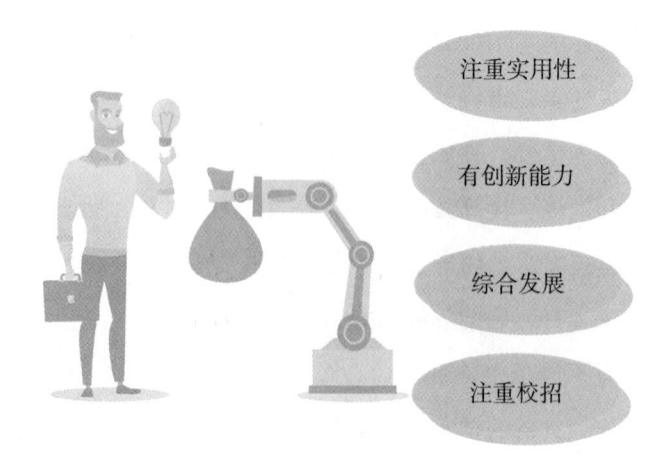

图 8-10　技术人才的招聘重点

　　人力资源部要及时与相关职位的部门主管联系，询问其该职位应当具备的主要技能，并与其商量具体的考核内容。只有这样，才能保证所选的员工是能够完成具体任务的，是企业需要的技术型人才。

　　企业对技术型人才的招聘要有不同的侧重点。根据工种和等级的不同，技术型人才可以分为不同的种类和等级，如软件工程师和机械工程师都是技术型人才，但其工作内容完全不同，所具备的技能也有所区别。

　　针对不同的职位要求，人力资源部要制定出不同的招聘策略。首先，人事部门要了解该职位的相关信息和一些基础的概念，这样才能与求职者进行交流。其次，人事部门要了解该职位应当具备的核心技能，在招聘时要特别注重对这些技能及相关知识的考核。最后，人事部门要关注到不同种类的技术型人才的发展重点，在面试时有针对性地提问，准备不同的面试题目，这样才能选出适合各个职位的人才。

　　优秀的技术型人才不仅要有过硬的技术，还应当具有创新能力，能够实现对现有技术的创新发展，为企业带来新的生机，促成企业的转型升级。企业的技术发展依靠技术型人才的创新，人力资源部在进行招聘时不能只关注求职者对已有技术的掌握，还要考察其对技术发展的看法或预期，以此判断求职者的创新能力。只有技术水平高又具备创新能力的员工才可能为企业带来新的发展机遇。

技术型人才在工作时语言交流较少，往往是埋头苦干的工作状态，这就导致了大部分技术型人才的人际交往能力较差。因此，在招聘时，人事部门对技术型人才的交往能力不能要求过高，只要能够将意思表达清楚即可，不需要具备太多的语言技巧。

人力资源部要能够视情况而定，如果有些技术型人才所在的职位对人际交往能力的要求较高，而求职者的语言表达能力较差，但专业技术水平很强，人事部门就要灵活应对，积极与部门管理者沟通，向其征求建议。人事部门在做出决定时要多方考量，找出最适合这一职位的人才。

对于技术型人才的考核，要制定出专门的评价体系。在评价体系中，要关注到技术型人才的专业知识、技术水平和职业素养。

如今，技术型人才正朝着综合化的方向发展，只具备专业知识或只有技术能力不容易成为有长远发展的综合性人才，因此，企业在考核技术型人才时也要注重多方面的考核，有完整的评价体系。这样才能找出综合发展的技术型人才，推动企业的发展。

随着职业技术学院的发展，技术型人才的数量逐渐增多，很多学院对人才的培养也更加科学化、精细化。企业在招聘技术型人才时要重视校园招聘。

企业可以与优秀的技术学院展开合作，在校园开宣讲会，吸引更多人才的加入。积极开展校招能够让企业第一时间招聘到大量技术型人才，填补职位空缺，满足企业的发展需求。而新员工的加入也会为企业带来新的发展观念，促进技术创新。

总之，企业对技术型人才的招聘要做到有的放矢，有针对性地制定招

招聘之道，让人才选拔更精准

聘战略，寻找恰当的招聘方法，这样才能找到适合企业发展的人才。

[招贤纳士]

避免面试时"语言不通"

X公司是一家软件开发公司，根据公司发展的需要，X公司需要招聘3名前端开发工程师，人力资源部负责招聘工作。

在得知需要招聘前端开发工程师之后，人力资源部便开始了解一些关于前端开发的常用术语。但由于相关知识过于晦涩，难以理解，招聘的准备工作被迫停止。

之后，招聘工作的负责人主动找到研发组的负责人，向其询问招聘工作中的注意事项和专业名词。研发组的负责人很热心地说明了招聘需求，并向其提供了一些招聘时可以使用的专业术语和相关问题。

因为研发组负责人的帮助，人力资源部解决了招聘中"语言不通"的问题，在面试时提出的问题都是既专业又实用的。这让求职者觉得X公司是一家专业的软件开发公司，有意愿进入公司工作。人力资源部顺利地完成了招聘任务，找到了适合的人才。

在面试技术型人才时，很容易出现"语言不通"的问题，针对技术型人员的面试专业性很强，面试官一定不能因为自己无法理解面试问题就随意提问，这样会致使整个招聘工作功亏一篑。面试官要积极解决问题，多和技术部门主管沟通，甚至可以直接让技术部门主管进行提问，找到企业需要的人才才是招聘的最终目的。

8.6 特殊人才的招聘策略

"特殊人才"在不同的时间、地点有不同的定义，具体指对国家、地区或企业的发展有显著影响的人才。对于特殊人才的招聘，要在充分了解其特殊性与重要性的基础上，制定相应的招聘策略，这样才能精准地招聘到所需人才。

8.6.1 特殊人才的重要性

社会对人才的定义，是发展变化着的，每个地方都有一些特殊人才。如某一行业的领军人物，或具有某些特殊技能、专业的人才，这样的人才能够在自己的领域发光发热，推动行业的进步，是不可替代的人才。因此，这样的人才被认定为特殊人才，享有一些优待，也是无可厚非的事情。

对于企业来说，特殊人才就是具备企业发展所需技能的人才。这些人才的加入能够顺应企业的发展规划，为企业提供人才支撑；能够带动企业的转型升级，为企业带来发展新动力；能够为企业培养更多的人才，保障企业的人力资源供给。总之，特殊人才的招聘对企业来说有至关重要的作用，是企业发展中必不可少的一环。

招聘特殊人才是顺应时代潮流、顺应企业发展趋势的事情，一旦招聘成功，或许能够成为企业发展的转折点。

8.6.2　特殊人才招聘策略的制定

不同的企业对特殊人才的定位是不同的，而一个企业想要招聘特殊人才，就要根据企业的招聘需求制定出实用的招聘策略来，为接下来的招聘工作提供指导（见图 8-11）。

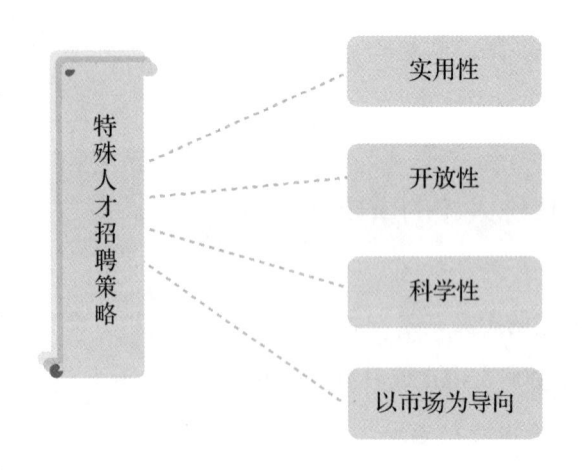

特殊人才招聘策略：
- 实用性
- 开放性
- 科学性
- 以市场为导向

图 8-11　制定特殊人才招聘策略的主要方向

策略的制定要以企业的发展现状为基础，要具有实用性。人力资源部要充分了解企业对特殊人才的具体需求，主要包括对特殊人才的学历要求、资历要求、专业要求、技能水平要求等，要保证所招聘的特殊人才能够满足企业的要求。

招聘策略的制定要有开放性。特殊人才招聘策略的制定不仅要考虑到企业的需求，也要考虑到人才的需求，要尽量为人才提供优渥的办公环境，以及优厚的福利待遇，这样才能吸引人才、留住人才。特殊人才作为行业内的佼佼者，其发展机遇良多，如果企业想要特殊人才选择自己，就要为其提供更大的发展空间和更多的发展机遇。

招聘策略的制定要有科学性。招聘策略不能随意制定，人力资源部在制定策略之前要和企业管理者进行协商，大家一起探讨出合理的招聘方案。如果是初次制定特殊人才招聘策略，也可以借鉴其他企业的模板和经验，为招聘成功打下基础。

招聘策略的制定要以市场为导向。企业招聘的特殊人才不仅要能适应企业的发展，也要能够顺应市场的发展，这样才能使企业跟上市场发展的趋势，得以发展壮大。因此，特殊人才的招聘要以市场为导向，这样才能以人才的加入带动企业的发展。

总之，企业想要招聘特殊人才，就要根据特殊人才的发展特点制定策略，使其既能符合公司的发展需求，也能满足人才的需求。

参考文献

[1] 边文霞.招聘管理与人才选拔：实务、案例、游戏[M].2版.北京：首都经济贸易大学出版社，2017.

[2] 曾令萍.招聘面试管理制度[M].北京：人民邮电出版社，2013.

[3] 丑纪岳.企业人力资源管理[M].北京：科学出版社，2007.

[4] 邓玉金.招聘的8节实战课：从小白到招聘专家的转变[M].北京：首都经济贸易大学出版社，2018.

[5] 丁晴江.人才素质测评研究[M].成都：电子科技大学出版社，2004.

[6] 董超.从零开始学招聘：人力资源管理的基本功[M].北京：清华大学出版社，2019.

[7] 高日光，郭英.人员测评理论与技术[M].上海：复旦大学出版社，2014.

[8] 葛玉辉.招聘与录用[M].北京：电子工业出版社，2020.

[9] 管奇，黄红发，冯婉珊.激活人才[M].北京：中国铁道出版社有限公司，2020.

[10] 胡蓓，张文辉.职业胜任力测评[M].武汉：华中科技大学出版社，2012.

[11] 黄铮.一本书读懂人力资源管理[M].北京：中国经济出版社，2020.

[12] 蒋衡湘.识人与用才[M].成都：四川大学出版社，2008.

[13] 焦学宁，王强.HR硬实力[M].北京：中国法制出版社，2020.

[14] 斯玛特，斯特里特．聘谁[M]．任月园，译．北京：中国经济出版社，2019．

[15] 金鸣，张敏．员工招聘[M]．北京：国际文化出版公司，2004．

[16] 孔凡柱，赵莉．员工招聘与录用[M]．北京：机械工业出版社，2018．

[17] 李艳．人力资源管理工具大全[M]．北京：人民邮电出版社，2009．

[18] 李志．公共部门人力资源管理[M]．重庆：重庆大学出版社，2019．

[19] 刘远我．人才测评：方法与应用[M].4版．北京：电子工业出版社，2020．

[20] 吕忠才，姚若松．企业招聘实务[M]．广州：广州出版社，2012．

[21] 戚研．精准招聘[M]．天津：天津科学技术出版社，2019．

[22] 齐义山，谢丽丽，季素萍，等．人力资源管理[M]．西安：西安电子科技大学出版社，2017．

[23] 秦志华．人力资源管理[M].3版．北京：中国人民大学出版社，2009．

[24] 全国银行系统招聘考试编写组．面试全攻略[M]．上海：立信会计出版社，2012．

[25] 任康磊．招聘、面试、入职、离职管理实操从入门到精通[M]．北京：人民邮电出版社，2019．

[26] 世界500强企业管理标准研究中心．员工甄选与聘用[M]．北京：中国社会科学出版社，2004．

[27] 水心，赵治国，张胜利．招聘管理实操：资深HR手把手教你做招聘[M]．北京：人民邮电出版社，2020．

[28] 唐宁玉．人事测评理论与方法[M].3版．沈阳：东北财经大学出版社，2016．

[29] 王聪颖．员工招聘管理[M]．南京：南京大学出版社，2017．

[30] 王华强，盛艳燕，李铁斌．人力资源管理[M]．北京：清华大学出版社，2015．

[31] 徐俊祥，黄敏．成功就业 [M]．北京：现代教育出版社，2017．

[32] 徐先航，于牧雁，刘娟．人力资源管理 [M]．长春：吉林人民出版社，2019．

[33] 闫轶卿．薪酬管理从入门到精通 [M]．北京：清华大学出版社，2015．

[34] 余琛．人力资源选聘与测评 [M]．哈尔滨：哈尔滨地图出版社，2006．

[35] 张建国．薪酬体系设计：结构化设计方法 [M]．北京：北京工业大学出版社，2003．

[36] 张苏宁．老 HR 教你轻松做招聘（实操案例版）[M]．北京：中国铁道出版社，2017．

[37] 张颖昆．招聘管理实务 [M]．北京：中国物资出版社，2010．

[38] 赵连钢．用人的 88 个难点 [M]．呼和浩特：内蒙古人民出版社，2013．

[39] 赵曙明，赵宜萱．人才测评：理论、方法、工具、实务：微课版 [M]．2 版．北京：人民邮电出版社，2019．

[40] 赵永乐，沈宗军，刘宇瑛．人员招聘面试技术 [M]．上海：上海交通大学出版社，2001．

[41] 赵永乐，王斌．高级人力资源开发与管理 [M]．南京：东南大学出版社，2005．

[42] 钟虹添，奚国华，张建国．人才梯队建设和思 8 步法 [M]．厦门：厦门大学出版社，2011．

[43] 蔡灿，夏阳．现代企业人事测评技术及其应用 [J]．中国市场，2021（11）：85-87．

[44] 陈艳民，孟君．企业核心员工自助式薪酬体系设计 [J]．中国外资，2012（261）：250．

[45] 范文丽．浅议自助式薪酬管理 [J]．合作经济与科技，2011（15）：38-39．

[46] 胡儒男．基于企业战略的薪酬体系设计及其构建 [J]．企业改革与管理，2019（13）：75-76．

[47] 黄顺春，余丽萍.非货币性薪酬的特点及运用[J]经营与管理，2007（10）：68-69.

[48] 刘秀丽，齐甜甜.企业研发人员的自助式薪酬菜单研究[J].会计之友，2012（7）：13.

[49] 魏长武.教你去见识薪酬谈判[J].优越生活，2002（10）：33-34.

[50] 张便芬.浅析薪酬体系设计的方法与策略[J].中国商界（下半月），2008（5）：150.